浅見和彦＝著

労使関係論とはなにか

イギリスにおける諸潮流と論争

労使関係論という名称の学問が確立するのは、第二次世界大戦後のことであると考えてよい。なぜかというと、それは第二次大戦後の先進諸国における福祉国家の確立、混合経済と呼ばれる現代資本主義の段階とその下での労使関係の展開という現実と深い関係があるからである。

旬報社

はじめに

この本は、「労使関係論とはなにか」を問うものである。切り離せない深いつながりがあるけれども、「労使関係の現実はどのようになっているのか」を書こうとするものではない。現実を見る眼となる社会科学としての労使関係論を議論する。

現在の労使関係の研究状況が衰退的で、困難なものであることは、おそらく、国内外の労使関係論の学者のあいだで一致した見方になっている。

その一番の原因は、第二次大戦後の労使関係論の前提になっていた労働組合が組織率を低下させ、活動が不振であるからであろう。その結果、団体交渉それ自体の衰退、共通ルールの中核であった労働協約の規制範囲の縮小や適用率の下落が生じている。これが大きな理由であると推測できる（ただし、すべての先進諸国で同様の傾向にあるわけではなく三つのパターンに分類できることは第5章で確認していただきたい）。

そのようなことが生じる背景として、各国政府の新自由主義的な労働政策や、使用者の人事労務管理の個別化の進展、あるいは政府や使用者による労働組合攻撃をあげる見解がある一方、労働者自身の変化や穏健化の状況から困難に直面しているのではないかという指摘もありうるだろう。

また他方、従来の労使関係論がこのような変化を想定しておらず、そのあり方自体に欠陥があり、その弱点が露呈しているのではないかという見方も出ている。

「労使関係論とはなにか」を問う

この本の目的は、こうした問題状況を念頭におきながら、社会科学としての労使関係論とはなにかをあらためて問うことである。

そのための素材として、イギリスの労使関係論を取りあげる。もちろん、イギリスと日本の労使関係論を本格的に比較して扱えればよいのだが、著者の力量が及ばない。ただ、イギリスの労使関係の実状についても、その労使関係論についても、ほとんど知識のない読者を前提にして、できるだけわかりやすく説明していくつもりである。また、少し前まではイギリスの労使関係と労使関係論は、日本でもなじみのあるものであったので、そうした人々にとっては、ある程度、見当がつくのではないかと思われる。

労使関係論は、英語ではindustrial relationsであるが、近年はemployment relationsと呼ぶことが多くなっている。

具体的な中身としては、イギリスの労使関係論の歴史的な系譜と学問的な諸潮流における労使関係観の相違、それらのあいだでの論争を跡づけ、整理をおこなう。そのために、古典的な「起源」の時期のものを含めてイギリスの労使関係論の代表的な学者を取りあげる。おおよそは歴史の順序で、そして大まかな潮流としてのまとまりで取り上げて、それぞれの人物の学説の主要な内容や理論的な立場を説明する。また、その学説や理論を提出したのが、どのような人物であるかということを知るために、それぞれの学者の経歴や研究分野を簡潔に紹介している。イメージが得やすいのではないかと思う。

その理論的な立場というのは、労使関係論とはなにか、という問いにどのように答えたか、というほどの意味である。すなわち、なにをどこからどこまでを研究対象にしているか、それはどのような構造をもっているのか、労使関係はどのような性格をもっているのか、というような問いにどのように応答したか、である。直接、定義のように答えていなくても、研究の中身でわかることもある。

一九世紀末から二一世紀まで

取りあげる学者は、一組と一一人である。一組は夫妻であるので、このような数え方になる。外国であるイギリスの学者をこのように多数取り上げるというのは、まず著者にとって難しい課題になるのだが、それだけでなく読者にとっても読み進めていくうえで負担になるだろう。「この人はどのような人物であったのか…」「どういった主張であったのか…」ということになりかねない。そのため、本文の中でも、どのような人物か、どのような見解かを多少繰り返し書くことになる。また、お互いにどのように批判、評価しているかを触れる。理解するうえで便利だと思われる場合と、くどいと思われる場合に分かれるかもしれない。

対象となる時期でいうと、最初は一九世紀末の「起源」で、最後は二一世紀の初頭の「現状」までであるから、一二〇年くらいの時期に及ぶ。実に長い期間である。

その長い期間にわたる議論を最後まで読み通していただくためのプレビューとして、最初に、この本の構成と登場人物、ストーリーについて簡潔に説明をしておきたい。

プレビュー——本書の構成、登場人物とストーリー

労使関係論という名称の学問が確立するのは、第二次世界大戦後のことであると考えてよい。なぜかというと、それは第二次大戦後の先進諸国における福祉国家の確立、混合経済と呼ばれる現代資本主義の段階とその下での労使関係の展開という現実と深い関係があるからである。

したがって、それ以前の一九世紀末から一九五〇年代までは、その前史＝「労使関係論の起源」と捉えられる時期にあたる。

そこで、**第1章**は**労使関係論の起源**を扱う。この時期の最初の労使関係論は労働組合運動（trade unionism）を対象とする「労働組合論」として姿を現した。つまり、使用者、労働者、国家の三つのアクターを包括的に対象としたのではなく、労働組合と団体交渉の出現にたいする反応として誕生したのである。その代表者が、ウェッブ夫妻とG・D・H・コールであった。

まず、ウェッブ夫妻が一九世紀末の時点で労働組合運動の歴史と理論の双方——とりわけ、理論の書である『産業民主制論』——を通じて、労働組合の構造と機能を本格的に研究することによって、労使関係論としての労働組合論を切り拓いた。

また、コールは、第一次大戦の直前の激動の時期に急進的な社会主義の思想（ギルド社会主義論）をもって登場し、ウェッブ夫妻の労働組合論を批判したが、晩年の一九五〇年代後半になって「労使パートナーシップ」論へと転換した。これまで日本では、コールは主に労働組合運動史の著作で知られていると思われるので、晩年の思想に感慨を覚える読者がいるだろう。

第2章は**労使関係論の形成**である。第二次世界大戦後、労使関係論は大学で研究・教育される学問としての地位を確立した。そこで主流派となったプルーラリズム（pluralism, 多元主義）と呼ばれる潮流の三人の学者の労使関係論を取り上げる。

一九五〇年代半ばから政治学のプルーラリズムを労使関係に移し替える形で、労使関係論がその制度やルールを重視する学問として形成された。

一九六〇年代には、①ヒュー・クレッグの産業民主主義としての団体交渉論、②アラン・フランダースの倫理的社会主義論からのウェッブ批判、労働規制（job regulation）などの労使関係論の概念や理論の定式化、③アラン・フォックスの労使関係観の三類型論などが提出され、プルーラリズムの「黄金期」を迎えた。

そして、六〇年代後半に、労使関係の改革をめざすために政府の下に設置されたドノバン委員会には、このプルーラリズムの学者たちが関与した。しかし、その勧告が労働組合への法的規制を回避し、事業所・企業レベルでの生産性交渉（労働慣行や賃金制度の見直しによる労使の合理化交渉）を通じた改革を提唱したものの、成功しなかった。

さらに、その後、七〇年代に入って三人のうちでもフォックスが自ら依って立っていたプルーラリズムを〝進歩的な経営者であれば思いつくような労使関係観にすぎない〟と批判し、ラディカルな方向転換を遂げるなど、プルーラリズムの分解と破綻が生じたのである。

第3章は、一九八〇年代における労働組合にたいする法的規制論と人事的資源管理論の台頭を扱うのだが、それは、このプルーラリズムの**労使関係論の欠陥**が露呈したことと深いつながりがある。

一九七九年の保守党サッチャー政権の成立によって、政府の労使関係政策は所得政策（賃金抑制政策）や生産性交渉から離れて、労働組合に対する法的規制へと舵を切った。実は、これを「予言」していたのが、当初はプルーラリズムの三人の学者と同じ系譜のなかにいながらも、六〇年代半までにプルーラリズムとは袂を分かっていたベン・ロバーツであった。ただし、ロバーツは単純な新自由主義の礼賛者ではない。

一方、プルーラリズムの労使関係論に欠落していたのが人事労務管理論であったが、八〇年代以降――つまり、同じようにサッチャー保守党政権の成立以降――人的資源管理論（ＨＲＭ）の展開と興隆がみられる。ただし、これは、経営側からおこなわれる人事労務管理＝人的資源管理の施策の実務家向けの技法の議論ではなく、労使関係論の一翼をなすアカデミックな研究であり、プルーラリズムの労使関係論を拡充し、労使関係論への統合をめざす動きであった（この点は、同じ英語圏でも、アメリカで労使関係論という学問と実務的な人的資源管理論が分離し対立していることとは対照的なのである）。それをリードしたのが、使用者団体の労務担当役員から労使関係論の学者へ転身したキース・シソンである。そして、そうした研究戦略を考案し、道筋をつけていたのが、実はプルーラリズムの学者のクレッグであった。

そして、第4章と第5章は、「労使関係論の刷新」で、一九七〇年代から二一世紀初めまでのその試みを取り上げる。刷新を試みたのがマルクス主義の潮流と、プルーラリズムを再生させようとする潮流なので、その双方を見ていく。

まず、**第4章の労使関係論の刷新Ⅰ**は、マルクス主義派の挑戦と論者のあいだでの理論的な分岐を扱う。

対象とする時期は入り組んでいて、一九七〇年代の「攻勢」の時期と、九〇年代の「守勢」の時期との二つの時期を取り上げる（そのあいだの一九八〇年代が第3章で取り上げられていたことになる）。

前者の時期は、労働組合運動の高揚とプルーラリズムの理論・政策の破綻のなかで、フランダースに代表されるプルーラリズムの理論を内在的に批判するかたちで登場し、労使関係論におけるマルクス主義理論の構築をめざすニューレフト（新左翼）のリチャード・ハイマンによって代表される。

また、後者の時期では、まずウェッブ夫妻とプルーラリズムの理論家であるフランダースの業績を積極的に評価した上で、労働史研究（労使関係だけでなく広く労働者の社会史を対象にした研究）を結合することで、マルクス主義労使関係論の再興を図ろうとするニューレフトのデイブ・リドンである。

もう一人は、新自由主義政策と法的規制による労働組合運動の後退の後に、資源動員論というアメリカの社会学者の社会運動論を導入することで労使関係論の再活性化を図ろうとする正統派マルクス主義の系譜にあったジョン・ケリーである。

七〇年代の「攻勢」を代表したハイマンは、九〇年代後半の時期には、「マルクスは必要だが、マルクスだけでは不十分だ」として、マルクス主義から制度派への接近がみられるようになる。

マルクス主義派の三人は、制度派であるプルーラリズムにどのように向き合うかで対応が異なり、分岐を見せているわけである。リドンはウエッブ＝フランダースを積極的に評価し、ハイマンはマルクス主義派から制度派への漸進的なシフトをおこない、他方、ケリーは依然として制度派を批判し、社会学の社会運動論を接続しようとするわけである。このように理論的に分岐しているが、いずれも古典的なマルクス主義からは距離をとっているという点で共通でもある。

そして、**第5章の労使関係論の刷新Ⅱ**は、二一世紀に入ってからプルーラリズムの再生をめざすネオ・プルーラリズムという潮流と、これに批判的で一九八〇年代に誕生したマテリアリズム（唯物論派）と呼ばれる潮流との論争を扱う。

登場するのは、イギリス共産党内部のユーロ・コミュニズム派として出発しながらも、その後、ニューレーバー（新しい労働党）の「第三の道」を評価し、また一九七〇年代のプルーラリズムがマルクス主義へ接近したことを批判的に回顧して、二〇〇〇年代初頭にネオ・プルーラリズムという立場を提唱するに至るピーター・アッカーズである。

一方、そのアッカーズのなかにみられるラディカリズムへの懐疑論を分析レベル（理論的につかむべき本質と、経験的・実証的に研究すべき現実）の混同であると厳しく批判するのがポール・エドワズである。エドワズは他方で、マルクス主義派とも一線を画し、「労資の構造的敵対」論を提出し、「分析と処方箋の分離」を主張するマテリアリズムと呼ばれる潮流に属している。

両者とも、大括りにいえば、非マルクス主義的潮流に属するのだが、アッカーズはネオ・プルーラリズムという、いわば「穏健派」であり、後者のエドワズのマテリアリズムはラディカルな「批判派」に属するといえるのである。

このように、依然として諸潮流のあいだでの独自の見解の相違を残し、論争がおこなわれながらも、労使関係論としての一定の共通の基盤が形成されてきているとみることができる。いいかえれば、労使関係論の成熟化が生じているのである。

こうした一組と一人を取りあげてから、**終章**の**要約と含意**で、全体を通じての論点を簡潔に整理、議論し、その含意を考える。

読者への期待

この本が想定している読者についていえば、考えたいのは労使関係論という社会科学のあり方であるので、まず労使関係論あるいは関連領域の研究者に読んでいただきたいと思っている。とくに、直接にはイギリスの労使関係論を扱っているので、この分野の学者には論評・批判を寄せていただきたい。

労使関係論の研究者をめざしていて、関心がある大学院生、とくにイギリスのそれをテーマにしている院生には便利なガイドブックにもなるのではないかと思っている。

どの国であれ、労使関係の現実や労使関係論を研究している学者であれば、なんらかの思いは抱くであろうから、そのような感想も寄せていただければ幸いである。

また、現実の日本の労使関係の当事者、とくに労働組合役員、活動家や人事労務管理の仕事をしている人には、自らの仕事を客観的に眺めようとするときに役に立つものがあるのではないかと思う。そのように読んでいただける組合関係者、実務家が少なからずおられることを期待したい。

さらに、労働行政にあたっている人たちには、問題解決型の政策提案は重要ではあるけれども、それだけではない社会科学としての労使関係論というものがあることをあらためて知っていただけることを希望している。

そして、労働問題に興味を持っている人々、広く社会科学に関心を抱く人々であれば、現代の労使関係を考えるうえでのなんらかのヒントが含まれているはずだと自負している。

日本の労使関係論のあり方や今後を再考するためにも、本書がいくらかでも貢献できることを願っている。

□　□　□

第1章から第5章までは、各章の冒頭にその「ポイント」を箇条書きで簡潔にまとめておいた。

また、図表を三〇点載せてある。本文の理解を助けるものと信じている。

さらに、本文そのものでは取り上げることができなかった人物、著作、団体、事件などについて、二頁の「コラム」で扱っている。一七点あるので、「箸休め」として読んでいただければ幸いである。あるいは、人によっては、こちらを先に読んでから本文を読んでいただいてもよいかもしれない。スペースの制約で、注や典拠となる文献名を割愛している場合があることをお断りしておく。

最後に、本来、巻末につけるべき参考文献一覧と索引も、紙幅の関係で断念した。ご了承をいただきたい。

目次

コラム一覧

第1章

労使関係論の起源

――労働組合論としての出発（一九世紀末～一九五〇年代）

第1章のポイント

○イギリスで労使関係論という学問が確立するのは、第二次世界大戦後のことであり、それ以前の一九世紀末から一九五〇年代までは「労使関係論の起源」となる時期と捉えられる。

○この時期に、最初の労使関係論は「労働組合論」として姿を現した。

○その代表者＝労使関係論のパイオニアが、ウェッブ夫妻とG・D・H・コールであった。

○まず、ウェッブ夫妻が一九世紀の末に労働組合運動の歴史と理論の双方を研究し、とくに『産業民主制論』によって労働組合の構造と機能の理論化の道を切り拓いた。なかでも、機能を三つの方法、七つの規制、二つの手段、三つの理論というコンセプトで体系的に分析した。

○コールは、第一次大戦の直前に、ウェッブの労働組合論を批判し、労働組合を「現代のギルド」とする社会主義の構想を提起したが、第二次大戦後の晩年は企業内における労働者の地位を保障すべきだとする「労使パートナーシップ」論へと転換した。

1　労働組合の構造と機能の理論――シドニー・ウェッブとビアトリス・ウェッブ

それでは、本論に入ろう。第1章は「労使関係論の起源」としての労働組合論である。時代は一九世紀末で、ウェッブ夫妻による労働組合の歴史と理論の研究から始まる。

(1) 人物と著作

二人のキャリア

シドニー・ウェッブ（Sidney Webb, 一八五九～一九四七年）は、下層の中産階級の比較的豊かな家庭の出身であった。バークベック・カレッジ（ロンドン大学の一部）では成績優秀のため多くの表彰を受け、卒業後は植民地省に勤務した。一八八五年、穏健で漸進的な社会主義の団体であるフェビアン協会に加入している。

ビアトリス・ウェッブ（Beatrice Webb, 一八五八～一九四三年）――結婚前はビアトリス・ポッター（Beatrice Potter）――は、きわめて豊かな中産階級の出身で、両親は自由党の急進派に属した。ビアトリス自身は病弱のため、正式な学校教育は受けていない。当時の著名な社会学者で「社会有機体説」の立場をとったハーバート・スペンサーが家庭教師がわりで、思想的な影響を受けた。急進的な変革ではなく、社会改良の積み重ねを重視したのである。一八九一年に初めての著作である『イギリスにおける協同組合運動[1]』を刊行した。この本で、「団体交渉」（collective bargaining）という言葉をはじめて使っている[2]。

二人は一八九二年に結婚した。そして、労使関係論の領域では、二人で『労働組合運動の歴史』や『産業民主制論』、そして『大英社会主義社会の構成』などを執筆した。

また、ロンドン・スクール・オブ・エコノミクス・アンド・ポリティカル・サイエンス（ＬＳＥ）の創立にも尽力しているが、労使関係の学部・学科や科目を設置しているわけではない。学科の創設は、一九六三年に第3章で扱うベン・ロバーツの主導によっておこなわれるのを待つことになる。

ウェッブ夫妻は労働組合だけでなく、地方自治体を調査し、さらにロシア革命後、ソビエト社会主義などについても研究し、著作も発表しているが、ここではかれらの労使関係論に集中することにする。

(2) ウェッブ夫妻の労使関係論の特質

労使関係論のパイオニア

イギリスの労使関係論の創始者としてウェッブ夫妻をあげることは、おそらく労使関係論の学者のあいだでは異論のないことであろう。一九七〇年代にマルクス主義派として登場したリチャード・ハイマン（第4章を参照）は、「労使関係論のパイオニアである理論家のウェッブ夫妻[3]」と形容している。

同じくマルクス主義派のデイブ・リドン（第4章を参照）も、「理論的な枠組みについては、マルクス主義者も非マルクス主義者も、ウェッブ夫妻を参照する以外に選択肢はない[4]」とまで主張する。他方、保守派のベン・ロバーツ（第3章を参照）も、『産業民主制論』について「ウェッブ夫妻による労使関係論の一般理論[5]」と性格づけているのである。

『労働組合運動の歴史』から『産業民主制論』へ

ウェッブ夫妻の労使関係論の領域の代表的な著作として、『労働組合運動の歴史』と『産業民主制論』があげられる[6]。

ふたつの著書の特徴としてあげられるのは、ウェッブ夫妻がともに三〇代という若いときの研究だということである。『労働組合運動の歴史』は労働組合の歴史的な事実関係の研究であり、『産業民主制論』は「労働組合運動の科学的分析[7]」で、理論の書といえる[8]。

二人はどのような方法を用いて労働組合の調査研究をしたのであろうか。『産業民主制論』によると、経験的な観察の三つの方法を用いたとのべている。一つは、文献・資料の利用である。二つめは、直接的な観察（参与観察）であり、第三が聞き取り（インタビュー）である[9]。

そして、『社会調査の方法』によると、かれらの二つの著書の関係は、「歴史」から「理論」へというものであった。

「英国中から三年にわたって事実を集め、その後『労働組合運動の歴史』（一八九四年）を完成、出版した…。当時は労働組合の実際の活動、その現実的な影響力について…なんの体系的な理論ないしビジョンをもてなかったのである」。

しかし、「自分たちの無数のカードを主題に沿ってすっかり組みかえ、これによって…それぞれの主題にかんするあらゆる事実を寄せ集めて、そしてそのカードをさまざまの仮説にしたがって組み合わせ、組みかえてはじめて、労働組合運動の活動とその諸帰結にかんする明確な、包括的な、かつ検証済みの理論が心の中に浮かび上がったのであり、それは検証のための追加的な調査をしたあと、『産業民主制論』(一八九七年)に結実したのである[10]」。

G・D・H・コールの批判に応えて——労働組合の「定義」とその変更

ウェッブは、労働組合の定義について、『労働組合運動の歴史』の初版(一八九四年)では、次のようにのべていた。「労働組合は、賃金労働者がその雇用条件を維持または改善するための恒常的な団体である[11]」。それを『労働組合運動の歴史』の改訂版(一九二〇年)では、「労働組合は、賃金労働者が労働生活の条件を維持または改善するための恒常的な団体である[12]」と変更した。

初版で「雇用条件」としていたものを改訂版では「労働生活の条件」と拡張したわけである。その理由について、「[初版の定義は]労働組合がつねに資本主義または賃金制度の恒常的な存続をはかるということを意味するものとして反対されてきたが、そのような意味をふくませるつもりがあったわけではない。労働組合は、一九世紀を通じて、しばしば社会的・経済的諸関係における革命的な変化を切望してきたのである」[13]と説明している。

なぜ、労働組合の定義を改訂したのかという背景には、次節で取り上げるG・D・H・コールのギルド社会主義論による批判があり、それに応える必要があったからである。これについては、コールを検討する際にあらためてみることにしよう。

それでは、『産業民主制論』においては、労働組合についてどのように定義しているのか。「その根本目的は、肉体労働の生産者にとって産業的競争の有害な影響を防いで雇用条件をしっかりと規制すること」[14]にあると書いている。『労働組合運動の歴史』の初版とほぼ同じであるが、労働者が「肉体労働者」であることがよりはっきりする書き方にはなっている。「頭脳労働者」あるいはホワイトカラーを含んだ定義にはなっていない。

とはいえ、教員など公務・公共部門の組合運動にも着目していて、労働組合が「専門職団体としての性格」を帯びるようになり、今後ますます、「その職業のコンピテンシー（competency）の標準の引き上げ」「社会の評価における地位（status）の向上」[15]に関心を持つようになるだろうといっている。見落としやすいが、重要な指摘である。

『産業民主制論』における労働組合の機能論

『産業民主制論』の基本的な内容は、前年にＬＳＥで講演としておこなわれている。

また、注目すべきことは、一九二〇年版の序文に書かれているように、一八九七年の初版以降、

「本文自体はまったく変更していない」[16]ことである。ウェッブ夫妻の「科学的分析」にたいするつよい自信の表れである。

労働組合論は、主として労働組合の構造と機能を分析する。労働組合の機能を問題にするかぎり、使用者や国家との関係も分析の中に取り入れることになる。その意味で、労働組合論は労使関係論にならざるを得ないのである。

ここでは、ウェッブの『産業民主制論』を中心に取り上げて、労使関係論としての労働組合論の内容と意義について検討することにしたい。

『産業民主制論』[17]は、①労働組合の構造（structure）、②労働組合の機能（function）、③労働組合の理論（theory）の三部構成になっている。ここでは②を中心として、③にも触れながら見ていきたい。

第二部の労働組合の機能で最初に取り上げているのは、労働組合の方法であり、三つの規制方法にまとめている。一つは、相互保険の方法であり、二つめは団体交渉であり、三つめが法律制定の方法である[18]（図表1―1―1）。

相互保険の方法――大事なのは失業手当

まず、相互保険（mutual insurance）は、「共同の掛金によって基金を設けて偶然の事故に対して保障をおこなうこと、言い換えれば、組合員も組合もどうすることもできない原因によって生計を奪われたときに生活資金を給付すること」[19]を指している。

そして、これは、「性質を異にする二種類の給付金から成り立っている。『共済手当』と『失業手当』である」とのべて、「疾病、災害及び老齢などの身体的・個人的な事故に対する保険と、仕事を得ることができなくなったために収入が途絶えることに対する保険では本質的な相違がある[20]」と指摘している。

さらに、「相互保険活動の中で最も重要な地位を占めるのは失業手当である[21]」とのべている。なぜならば、「集団としての組合自身の目的は、組合員が飢えに迫られて、職業全体の利益からみて不利な条件で雇用されることを防ぐことにある[22]」からである。

この相互保険の方法は、よく共済活動一般と見なされがちであるが、そうではないことをウェッブは強調しているのである。「労働組合運動における共済組合の側面」は「けっして労働組合運動の特色となるものではない」とし、「労働組合の支給する主要な給付金は、けっして病気の療養手当や葬祭手当ではない。それは失業手当である。しかも、…それ自身が目的ではなく、その組合員の雇用条件の維持または改善の手段として——労働組合の規制を支える方法として——考えられなければならない[23]」と指摘している。

そして、ウェッブは、『産業民主制論』の第三部の理論で、あらためて「労働組合の方法」を取り上げて、そこでは相互保険の方法を「経済的側面においては、ほとんど不完全な団体交渉と区別しがたい」「他の方法の支えるものと、見なすことができる[24]」と書いている。「不完全な団体交渉」というのは「相手のいない団体交渉」という意味である。

学者による用語

ターナー Turner[4]	クレッグ Clegg[5]	フランダース Flanders[6]
自治的規制 autonomous regulation	労働組合の単独規制 unilateral trade union regulation	組合の単独規制 unilateral union regulation
		補助的方法 auxiliary method
団体交渉 collective bargaining	団体交渉 collective bargaining	共同規制 joint regulation
		産業的方法 industrial method
法律制定 legislative enactment	制定法による規制 statutory regulation	国家的規制 state regulation
政治的圧力 political pressure		政治的方法 political method

5. クレッグについては、H. A. Clegg, *Trade Unionism under Collective Bargaining*, 1976, p.2. による。フランダースが上表のように、「団体交渉」にかえて「共同規制」に置き換えるべきだと主張していることについて、「団体交渉はいまや労働組合と労使関係のボキャブラリーとしてしっかり確立しており、置き換えは望みようもない」と指摘している（p. 6）。
6. フランダースについては、上段がA. Flanders, 'Collective Bargaining: Theoretical Analysis', *British Journal of Industrial Relations*, March 1968; 下段が*Trade Unions and Politics*, London Trades Council, 1961, pp. 4-5. による。なお、Allan Flanders and H. A. Clegg（eds）, *The System of Industrial Relations Sysytem in Great Britain*, 1954, p.262で労働組合規制の自治的な実行（the autonomous enforcement of trade union regulation）という用語を使っている。

（作成）浅見和彦

図表1—1—1　労働組合の方法——ウェッブとその後の労使関係論の

ウェッブ Webbs[1]	ロイド Lloyd[2]	ベル Bell[3]
相互保険 mutual insurance	自主保険 voluntary insurance	自治的規制 autonomous regulation
団体交渉 collective bargaining	政治行動 political action	団体交渉 collective bargaining
	団体交渉 collective bargaining	
法律制定 legal enactment	ストライキ strike	法律制定 legal enactment

（出所）1. ウェッブについては、S. & B. Webb, *Industrial Democracy*, 1897. による（初出はその前年の論文）。

2. ロイドについては、C. M. Lloyd, *Trade Unionism*, A. & C. Black, 1915, p. 119.による。第2版が1921年に、第3版が1928年に出ているが、いずれも「主要な4つの方法」（第2版のp. 119、第3版のp. 114）と書いている。ロイドのみ、ストライキを労働組合の方法の一つとみている。

3. ベルについては、J.D.M. Bell, ‘Trade Unions’, in A. Flanders and H. A. Clegg（eds.）, *The System of Industrial Relations in Great Britain*, 1954, pp. 192-193. による。「相互保険は… 実はおそらく常に、より広い方法、すなわち自治的規制という方法の一部に過ぎなかったのである」（p.192）と指摘している。

4. ターナーについては、H. A. Turner, *Trade Union Growth, Structure and Policy*, 1962. pp. 203-204, 251, 263, 364. による。ターナーは、「自治的規制」という用語はベルによるものであると指摘している（p.204 n.）

そのため、「団体交渉が使用者によって認められず、法律制定には労働者の力が及ばなかった時代においては、相互保険は労働組合がその目的を達成する唯一の方法なのであった[25]」。

ウェッブ以降は、とくに第二次大戦以降の労使関係論の学者は、この相互保険の方法を「自治的規制」の方法と呼ぶことが多くなっている。とくに、J・D・M・ベル[26]は、「相互保険は、…実はおそらく常に、より広い方法、すなわち自治的規制という方法の一部に過ぎなかったのである[27]」と指摘している。そして、H・A・ターナーは、「自治的規制」という用語を最初に使ったのは、このベルであった[28]、とのべている。

なお、ウェッブは、共済手当について、「組合員のあいだに規律を保ち、また多数者の決定を全員に義務づける有力な手段とすることができた[29]」と指摘している。

団体交渉の方法——ビアトリスがつくりだしたコンセプト

二番目の方法は、団体交渉（collective bargaining）である[30]。この団体交渉という用語は、ビアトリス・ウェッブが一八九一年につくりだしたものである。『産業民主制論』では、次のように注記されている。

『団体交渉』という用語（phrase）は、ビアトリス・ポッター（シドニー・ウェッブ夫人）の『イギリスにおける協同組合運動』（ロンドン、一八九一年）の二一七頁で、現在と同じ意味で使用されているが、それ以前の使用例は見いだせない[31]」。

ウェッブは、『産業民主制論』のなかで、団体交渉の定義を明確に記しているわけではないが、「個人交渉（individual bargaining）」の対語としていて、「労働者が団結して集団を形成し、交渉のために、その集団全体の代表者を送る」ことで、「使用者が集団の要求を相手に、特定の集団、階層、グレードの労働者全員が当面のあいだ従事する原則を単一の協約の形で対処する」[32]ことであるとのべている。

次に、その労働協約については、ウェッブは、①どちらかというと労働組合の組織化がなされていない職業の職場クラブ（shop club）の慣行、②その次の段階にあたる、特定の地域の職業における熟練労働者の労働組合とその地域の使用者たち（masters）との労働協約、さらに、③労使双方の全国的代表者によって定められる全国協約というように三段階を区別している。

また、②の場合、建築業を例にとり、使用者たちは地域の段階の集団であるが、労働者側は全国組合の地域段階における役員であることを指摘している。また、とくに張り板工の例を挙げて、全国協約を頂点に、次の段階の地域的な細則協約、さらに、ある都市の工場の段階というように、一つの系統を形成していることに注目している。[33]

そして、団体交渉機構（machinery for Collective Bargaining）が発達する順序は、団体交渉の範囲が、「工場から都市全域に、また都市から産業全体に拡大していくことと一致」するし、ストライキも、「工場協約から地域の『ワーキング・ルール』へ、これらが全国協約へと仕上げられていくことに伴って、工場争議から地域のストライキ、さらに産業全般の作業停止へと、同じように拡大していった」[34]とのべている。

この引用文での「ワーキング・ルール」は労働協約を指している。ただし、「ワーキング・ルール」自体は、特定の職種の職場・地域の労働者集団——たとえば建設業の職種の熟練労働者——の労働慣行や労働組合規約に規定されている場合のルールなど、「一方的」なルールを指すこともあるので注意が必要である。現在のイギリスの建設業における労働協約は「ワーキング・ルール協約(Working Rule Agreement)」と呼んでいて、双方の「合意」であることがわかるようになっている。

さらに、「興味深いことには、団体交渉は、労働組合組織があれば存在するというものではなく、また、労働組合組織があるところだけに限定されるものでもないのである[35]」とのべている。未組織労働者の集団が行使してきた方法でもあるというわけである。

とくに、「建築業や機械工業の職業では、非組合員の臨時の委員会が地域全体のために協約を締結した場合が多いし、労働組合自身が交渉を開始し指導する地域でも、協約は組合員だけでなく、その地域におけるこれらの職業の大半の労働者に適用されるようにすることが慣習になっていたのである[36]」。

そして、団体交渉の方法を——少なくとも主たる方法としては——用いない労働組合の存在についても触れている。三つの方法のうちの他の方法をメインに活用しているのである。「歴史があり、財政的にも豊かなで、組合員数を制限している労働組合のなかには、相互保険の方法で目的を達成しようとする場合がある。他方、どの時期にも見られるのだが、法律制定の方法でその目的を達成しようと標榜する労働組合もある[37]」と指摘している。

とはいえ、「団体交渉は労働組合運動よりもずっと広い地域にまで普及しているとはいうものの、それはきわめて一時的で限定された範囲にしか適用されていないので、これを継続的で広い範囲に適用しようとすれば、それができるのは労働組合以外にはあり得ない[38]」とのべて、労働組合による団体交渉と労働協約の締結の意義を説いている。

他方、その問題点について、「ストライキやロックアウトに絶えず終わりやすいのは［この時期の］団体交渉の方法の重大な欠点であることは否定しがたい[39]」とのべている。

また、ウェッブは、団体交渉における労働組合の専従役員の役割を重視している[40]。

法律制定の方法――その強みと弱み

労働組合の方法の三つめは、法律制定（legal enactment）の方法、つまり労働条件の法的な規制を求める活動である。

ウェッブは、法律制定の方法は団結禁止法（一七九九～一八二四年）以前の一八世紀と、男子選挙権の拡大にともなう一九世紀後半の二つの時期に発達したと指摘している。そして、労働組合組織のなかに立法・政治活動を進める機関――ローカルセンター（地域労働組合協議会）、ナショナルセンター（労働組合会議ＴＵＣ）と、綿工業や炭鉱業における組合連合体など――が出現し発展していくことを見ている。

ただし、『産業民主制論』が書かれた時期は、まだ労働党（一九〇六年結成）が誕生していないし、その前身の労働代表委員会（一九〇〇年創設）もない。議会で有力な政党は、保守党と自由党であった。

一方で、法律制定の方法には、大きな欠陥があることを指摘する。「労働組合の目的を達成する手段として法律に訴えることは、労働者の見地からみて、ある種の重大な不利益がある。その主要な欠点は、新たな規制を獲得するために、そのたびに長期にわたる、必ず成功するとは限らない努力を必要とすることである」。

その「努力」というのは、「労働組合がある共通ルールを国の法律とするためには、そのルールが国家全体に利益をもたらすこと、また消費者にとって不当な負担とはならないことを社会全体に説得しなければならない」[41]ことを指す。

しかし、実現できれば、それは「事実上、理想的な団体交渉の形態、すなわち当該の職業の労働者全員を含む労働組合と、あらゆる企業が加盟する使用者団体とのあいだで締結される全国協約に照応する」[42]とのべている。

以上が「労働組合の方法」であるが、イギリスの労使関係論においては、ウェッブ以降の学者たちが図表1―1―1に示されているような用語によって、各々置き換えをしている。ほぼ共通の傾向が見られるが、フランダースだけが団体交渉を「共同規制」としているのは、第3章で扱うような意味が込められているからである。

労働組合による規制――その七つの領域

『産業民主制論』では、労働組合の「方法」(method)と「規制」(regulation)を結びつけて考えていて、三つの「方法」を用いた七つの「規制」領域について論じている。[43]

七つの領域というのは――

①標準賃金率(時間賃金の場合でも出来高賃金の場合でも、同一の頑張りeffortには同一の賃金という原則)、

②一日の所定労働時間(「労働日」)、

③労働安全衛生、

④機械や新技術が導入されるときの条件・対応、

⑤雇用の継続、

⑥職業への参入とその制限(徒弟制度・職業訓練、一部での女性の排除など)、

⑦職業の縄張り

――である。

共通ルールと人数の制限――二つの手段

ウェッブ夫妻は、労働組合運動がおこなう「さまざまな規制にもかかわらず、実際にはわずか二つの手段しかもっていない」とし、それをそれぞれ「共通ルールという方策」と「人数の制限という方

策」と呼ぶことができるとしている[44]。

そして、「標準賃金率、一日の所定労働時間、衛生保健に関する…ルールは、一つの原則――すなわち、相互保険、団体交渉、法律制定のいずれかによって労働者全体に適用すべき共通ルールによって雇用条件の最低限を決定すること――の異なる形式にすぎない[45]」と指摘している。共通ルールがなければ、労働者は「自由競争」によって「個人交渉」に追いやられることになるからである。

先の七つの規制領域との関係でいうと、ウェッブがここで例示しているのは、①標準賃金率、②一日の所定労働時間、③労働安全衛生の三つだけであるが、④機械・新技術導入への対応と⑤雇用の継続も、共通ルールの方策による規制と捉えていると考えてよいだろう。

「共通ルールの方策は、労働組合運動の普遍的なあり方であり、その根底にある理論は労働界全体に依って維持されていることがわかる[46]」のである。

「しかしながら、人数の制限という方策は、これとは異なった立場になっている[47]」と指摘している。規制領域のうちでいえば、⑥職業への参入とその制限だけがそれに当てはまる。⑦の仕事の縄張りは、二つの規制手段のいずれかによるのではなく、主に労働組合同士の協議によると考えていると理解してよいだろう。

労働組合運動が用いる三つの理論――「既得権」「供給・需要」「生活賃金」

また、『産業民主制論』のなかでは、労働組合が用いる三つの理論(doctrine)――既得権説、供給・需要説、生活賃金説——について論じている[48]。それらが、歴史の一定の時期に労働組合運動のイデオロギー——平たくいえば、労働組合が使用者に要求するときの理屈——として機能することを指摘しているのである。

最初は、既得権説である。これは、「賃金やその他の雇用条件は、それまで、どのような労働者たちが得ていたものであれ、どのような事情の下でも引き下げるべきでない[49]」という理論である。

二つめは、供給・需要説である。「市場で最安値の労働を購入するのは使用者の義務であり、また市場において最高値で労働を売るのが労働者の権利である。したがって、ある要求が正しいかどうかの唯一の基準は、それを押し通すことのできる能力であり、労働者が雇用条件の改善を実現できる唯一の方法は使用者に対する戦略上の立場を強めることである[50]」と指摘している。

そして、炭鉱業や製鉄業などの使用者側は、「共通ルールのメリットを率直に認めた」し、「「賃金の切り下げのために」労働の過剰供給を利用する要求を放棄した」という。また労働組合側も、「賃金率は生産物の価格に応じて自動的に変化することを承認することで、労働者の収入は供給・需要——直接、労働に対して適用される供給・需要ではなくて労働の生産物に適用される供給・需要であるが——によって決定されるべきだという使用者の主張を受け入れた[51]」とのべている。

この供給・需要説は、「雇用条件は賃金労働者のそれぞれの部門の戦略的な地位によって変化するという説」であり、そうなると「相対的に力の弱い部門については不利な働きをする[52]」という欠陥のあることも指摘している。

なお、ここで出てくる労働者の「戦略上の地位」「戦略上の立場」は、英米の学者たちに注目され、また、日本でも「基幹的な地位」「基幹化」などの言葉で捉えられているものと共通である。図表1―1―2にまとめてみた。

三つめは、生活賃金説である。「組織労働者は、既得権説を主張し、供給・需要説に同意している時でも、その心の奥ではつねに、賃金はいまの世代の労働者がその職業によって生活できるように決定されなければならないという事情はすべてにまさるという感情を抱いてきた」[53]と書いている。そして、『産業民主制論』が出版される九年前の一八八八年にマッチ製造業の女性労働者が決起したことや、翌一八八九年にロンドンの港湾労働者が大規模なストライキに立ち上がった事件がそれに照応しているとのべている[54]。

一方、「生活賃金説のもっとも顕著な欠点として、各職業の不可欠の最低条件が各個人の要求に実際上適応できるものではなく、標準的な人の要求によって、おおよそで測らなければならないという事実に理論的な欠陥がある」[55]と指摘している。

そして、『産業民主制論』が出た一八九〇年代の時点で、「既得権説はまったくの時代遅れであり、供給・需要説はますます勢いを失いつつあるが、生活賃金説は現在のところ、徐々にかつ試験的におこなわれているだけである」[56]と観察している。

ウェッブは、こうして、労働組合の政策の歴史的な変化と労働組合による多様性を説明した後、労働組合運動は単一の理論によるのではなく、互いに矛盾する三つの政策によって動いているとし、

図表1—1—2　基幹的な立場·地位（strategic position）にある労働者論

＜英米＞

著　　者	Webbs[1]	Dunlop[2]	Hyman[3]
概　　念	基幹的な立場	基幹的な立場 企業組織や市場構造のなかでの基幹的な地位	基幹的な立場 従来あまり気がつかれなかった基幹的な技能
労働者層	クラフツマン	基幹的な労働者	半熟練労働者
労働組合	クラフトユニオン	クラフトユニオン 産業別労働組合	一般労働組合

＜日本＞

著　　者	大河内[4]	本田[5]	伊藤[6]
概　　念	中枢的あるいは基幹的地位	基幹化	正社員に勝る高い技能
労働者層	中枢的あるいは基幹的地位を占めている労働者もしくは職員	パートタイム労働者	請負労働者
労働組合	企業別組合	企業別組合	企業別組合

（注）下記の文献にもとづいて浅見和彦が作成。

1. Sidney & Beatrice Webb, *Industrial Democracy*, 1897, pp. 128, 572, 575, 582, 586, 590, 676, 810. なお、ウェッブは「両当事者の戦略上の地位」p. 579, 586, 589、「使用者の基幹的立場」p. 654, 661、「小売商の戦略上の地位」pp. 654についても指摘している。
2. John Dunlop, 'Development in Labor Organization', in R. A. Lester and J. Shister（eds）, *Insights into Labor Issues*, Macmillan, 1947, pp. 179-183.
3. Richard Hyman, *The Workers' Union*, Clarendon Press, 1971, pp. 185, 191.
4. 大河内一男『戦後日本の労働運動』岩波書店、1955年。
5. 本田一成『チェーンストアのパートタイマー』白桃書房、2007年。
6. 伊藤大一『非正規雇用と労働運動』法律文化社、2013年。

図表1—1—3　ウェッブ夫妻の労働組合論
——規制・手段・方法・理論の対応関係

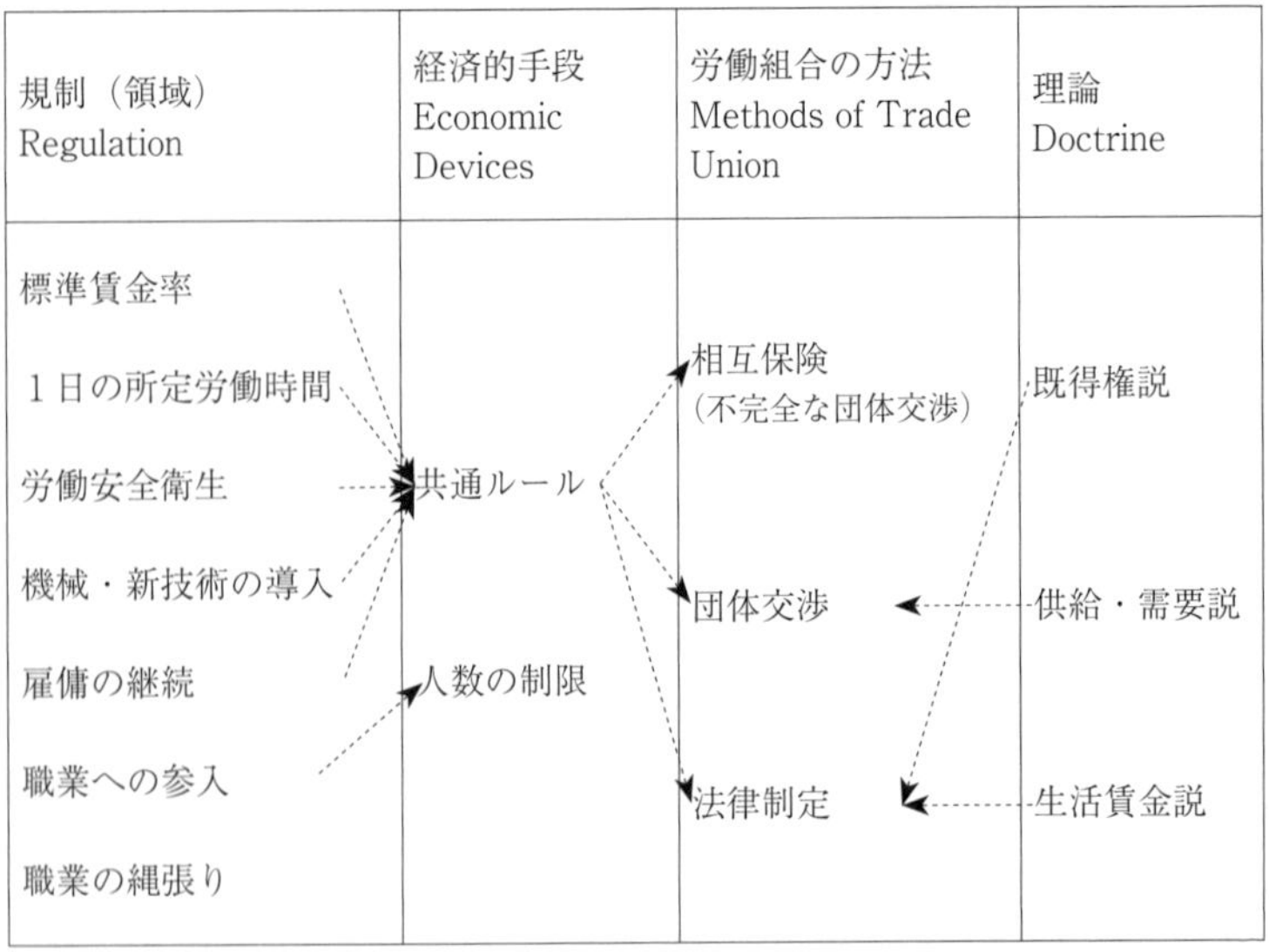

（注）Sidney Webb and Beatrice Webb, *Industrial Democracy*, Longmans, Green and Co., 1897, Part II によって浅見和彦が作成。

「労働者の特定の部門において、あるいは特定の時期において、三つの理論——既得権説、供給・需要説、生活賃金説——のなかのいずれか一つが優勢であるということは、それが特定の労働組合規制にとってどの程度、有利であるかを示しているのである(57)」と要約している。

そして、ウェッブ夫妻自身は、「法律制定の方法は、実際、生活賃金説にもとづいて、あらゆる規制を実施する上で、経済的に見て、最も都合のよい方法なのである(58)」と総括している。このように、「三つの方法」「三つの理論」「二つの手段」のうちでは、「生活賃金論」にもとづく「法律制定」の方法という「共通ルールの方策」を重視したのであった。

以上に見た、労働組合の方法・規制・手段・理論の四つの相互関係は、図表1―1―3のように示すことができるだろう。

□　□　□

次の節は、第一次大戦前後の時期の労働情勢の激動を背景に、生産者の組織としての労働組合を構想した「ギルド社会主義」論を提唱することでウェッブ夫妻を批判することから出発し、第二次大戦後の一九五〇年代には労働運動の保守化に伴って、企業における労働者のステータスの確立を眼目とした「労使パートナーシップ」論を提案するという思想上の振幅の大きかったG・D・H・コールを取り上げる。

（1）　Beatrice Potter, *The Co-operative Movement in Great Britain*, Swan Sonnenschein & Co., 1891.

（2）　*Ibid.*, p. 217.

（3）　Richard Hyman, *Strikes*, fourth edn. 1989, Macmillan, p. 82.

（4）　Dave Lyddon, 'Industrial-Relations Theory and Labor History', *International Labor and Working-Class History*, 46, 1994, p. 125.

（5）　Ben Roberts, 'Affluence and Disruption', in William Robson（ed.）, *Man and the Social Sciences*, George

Allen and Unwin, 1972, p. 247.

（6） 両書とも日本語訳があるが、本文を引用する場合は、浅見が訳し直していることがある。とくに、『産業民主制論』は漢字が旧字体で文体も古いので、かなり変更している。

（7） Sidney and Beatrice Webb, *Industrial Democracy*, Longmans, Green and Co., 1897, p. xix.

（8） それまでイギリス労働組合に関する学術的な研究がなかったということではない。ドイツ人のルヨ・ブレンターノの『現代の労働者ギルド』は一八七一～七二年に出版されている。ブレンターノが二〇代後半のときに、とくに合同機械工組合（ＡＳＥ、一八五一年結成）に注目して研究した著作である。ウェッブ夫妻の二つの著作が出る二〇年以上前のことになる。日本語訳は、島崎晴哉・西岡幸泰訳『現代労働組合論（上巻）（下巻）』、日本労働協会、上巻一九八五年、下巻二〇〇一年。

（9） Webbs, *Industrial Democracy*, p. xxv-xxviii.

（10） Sidney and Beatrice Webb, *Methods of Social Study*, Longmans, Green and Co., 1932, p. 94. 日本語訳は、川喜多喬訳『社会調査の方法』東京大学出版会、一九八二年、八九～九〇頁。

（11） Sidney and Beatrice Webb, *The History of Trade Unionism*, Longmans, Green and Co., 1894, p. 1.

（12） Sidney and Beatrice Webb, *The History of Trade Unionism*, Longmans, Green and Co., 1920, p. 1. 日本語訳は、荒畑寒村監訳、飯田鼎・高橋洸訳『労働組合運動の歴史（上巻）』日本労働協会、一九七三年、四頁。

（13） *Ibid*, p. 1n. 同前書、五頁の注。

（14） Webbs, *Industrial Democracy*, p. 807. 本文の内容が一切変わらず、序文や付録のみの変化であるにもかかわらず、イギリスでも日本でも研究者が本文の引用の際に一八九七年版以外の版の発行年を注記することが少なからずある。ミスリーディングだといわざるを得ない。

（15） *Ibid*. p. 826.

(16) Sidney and Beatrice Webb, *Industrial Democracy*, Longmans, Green and Co., 1920 edition, p. v.

(17) その書名にもかかわらず、industrial democracy という用語は本書中では数カ所でしか使われていない。「将来の産業民主主義」「将来の産業民主主義の限定された機能」（以上、xxiii頁）、「専制は、この産業民主主義を村や消費協同組合の店舗の自治よりも…」（p.808）、「政治的民主主義は不可避的に産業民主主義をもたらす」（p. 842）、「政治的民主主義あるいは産業民主主義」（p. 845）である。

なお、ウェッブ夫妻の産業民主主義の概念の形成過程と、その概念が、①労働者の自治組織である協同組合・労働組合、②議会制民主主義を基礎にした労使関係のありよう、③未来社会（社会主義社会）の特質を指すことを明らかにした有益な研究として、藤井透「ウェッブ夫妻の『産業民主主義』概念の形成」『佛教大学社会学部論集』第六〇号、二〇一五年三月を参照。

(18) その前年の論文Sidney and Beatrice Webb, 'The Method of Collective Bargaining', *The Economic Journal*, 6-21 において、この「三つの方法」の定式の初出が見られる。ただし、「法律制定」に相当するものはLegal Regulationsと書かれている。

(19) Webbs, *Industrial Democracy*., p. 152.

(20) *Ibid*., p. 153.

(21) *Ibid*., p. 161.

(22) *Ibid*.

(23) *Ibid*., p. 797n.

(24) *Ibid*., p. 797.

(25) *Ibid*., p. 166.

(26) 本書のコラム⑤を参照。

(27) J. D. M. Bell, 'Trade Unions', in A. Flanders and H. A. Clegg (eds.), *The System of Industrial Relations in Great* Britain, Basil Blackwell, 1954, pp. 192-193.
(28) H. A. Turner, *Trade Union Growth, Structure and Policy*, George Allen and Unwin, 1962, p 204n.
(29) *Ibid.*, p. 158.
(30) 日本語訳の『産業民主制論』（一九二七年）では、'collective bargaining' は「集合取引」あるいは「集合的取引」と訳されている。
(31) *Ibid.*, p. 173n. 日本の研究者の場合、この点が必ずしもはっきりしていないことがある。たとえば、小笠原浩一『「新自由主義」労使関係の原像――イギリス労使関係史』木鐸社、一九九五年、一四〇頁で、「ウェッブ夫妻は『産業民主制論』で「団体交渉」(Collective Bargaining) というタームを初めて用い」たと注記しているが誤りである。
(32) Webbs, *Industrial Democracy*, p. 173.
(33) *Ibid.*, p. 177.
(34) *Ibid.*, pp. 220-221.
(35) *Ibid.*, p. 177.
(36) *Ibid.*, p. 178.
(37) *Ibid.*
(38) *Ibid.*, pp. 178-179.
(39) *Ibid.*, p. 221.
(40) *Ibid.*, p. 182.
(41) *Ibid.*, p. 253.

(42)　*Ibid.*, p. 256.

(43)　*Ibid.*, p. 150. その後、第二編の第一章で相互保険の方法、第二章で団体交渉の方法、第四章で法律制定の方法をのべ、その七つの規制領域を第五章から第一一章まで各章に分けて叙述している。

(44)　*Ibid.*, p. 560.

(45)　*Ibid.* なお、藤井透は、「コレクティブ・ルールからコモン・ルールへ――シドニー・ウェッブの労働組合論の発展」『大原社会問題研究所雑誌』第四九〇号、一九九九年九月において、ウェッブ夫妻は、労働組合の方法を「相互保険の方法、団体交渉の方法、法律制定の方法と三分類した。その上で、後ろの二つがコモン・ルールのための労働組合主義者の『方法』であると示していた」と書いている。つまり、「相互保険の方法」は共通ルールではないと解釈しているのである。しかし、本文で『産業民主制論』を引用して示したとおり、三つの方法いずれもコモン・ルール＝共通ルールの方策と考えていることは明らかである。「相互保険の方法」は「相手のいない団体交渉」だからである。

　相互保険の方法は、共通ルールの方策として、現代においても、また日本においても、一定の条件のある産業ではなお有効である。浅見和彦「建設労働者・就業者の組織的結集過程と労働組合機能の発展――戦後の諸段階と展望」全建総連『明日の建設産業』二〇一〇年を参照。

(46)　Webbs, *Industrial Democracy*, p. 561.

(47)　*Ibid.*

(48)　*Ibid.*, chap. 13.

(49)　*Ibid.*, p. 562.

(50)　*Ibid.*, p. 572.

(51)　*Ibid.*, p. 576.

(52) *Ibid*., p. 582.
(53) *Ibid*., pp. 586-587.
(54) *Ibid*., p. 588.
(55) *Ibid*., p. 591.
(56) *Ibid*., p. 594.
(57) *Ibid*., p. 595.
(58) *Ibid*., p. 804.

●コラム①

『産業民主制論』のトリビア――英語版よりもドイツ語版が先に出た

『産業民主制論』はいつ出版されたのか。二巻本として出て、両方とも「一八九七年」と印刷されている。しかし、実際に印刷・製本され、書店に並んだのは翌一八九八年なのである。

ビアトリス・ウェッブの日記をマーガレット・コールらが編集した『私たちのパートナーシップ』のなかに、次の事情が注記されている。「一八九七年秋の植字工のストライキという予想もしていなかったことが起きたため、『産業民主制論』は英語よりもドイツ語で一か月早く出版された」[1]。そのドイツ語版は、『イギリス労働組合運動の理論と実践』というタイトルに変更されていて一八九八年に出版されている。[2]ということは、英語版は実は一八九八年に出ていることになる。ベン・ロバーツ(第3章を参照)は「一八九八年一月」[3]と断定している。

ドイツ語版の訳者は筆名C・フーゴ(C. Hugo)、本名フーゴ・リンデマン(Hugo Lindemann)で、大英博物館勤務の経験があるドイツ社会民主党員であった。ウェッブ夫妻の伝記の著者であるロイドン・ハリソンは「実際には、『産業民主制論』を翻訳したのはエデュアルド[・ベルンシュタイン]ではなく、R・ベルンシュタインであ[4]」ると書いているが誤りである。伝記の著者がなぜ間違えたのか謎である。また、山田高生が「ドイツ語訳が出されたのは、一九〇六年である」[5]と書いているのも間違いで、増刷された本の扉頁を見て誤解したものであろう。

ロシア語版は、シベリア流刑中のレーニンが妻のクルプスカヤの協力を得て翻訳し、一九〇〇〜〇一年に二巻本で出版された。タイトルは『イギリス労働組合運動の理論と実践』であった。第一巻はドイツ語版から訳して出版社に原稿を渡したものの、第二巻が入手できずにいた。英語版の第二巻が届いたので、第一巻の校正ゲラも来ていない段階で、ともかく翻訳作業をはじめた。こうした事情は、レーニンが母親や姉あてに書いた複数の手紙からわかる。

（1） Beatrice Webb（Barbara Drake and Margaret I. Cole（eds.）, *Our Partnership*, Longmans, Green and Co., 1948, p. 53n.
（2） *Die Theorie und Praxis der englischen Gewerkvereine*, J. H. W. Dietz, 1898.
（3） Ben Roberts, 'Affluence and Disruption', in William Robson（ed.）, *Man and the Social Science*, George Allen and Unwin, 1972, p. 247.
（4） Royden J. Harrison, *The Life and Times of Sidney and Beatrice Webb 1858-1905*, Macmillan, 2000, p. 260. 大前真訳『ウェッブ夫妻の生涯と思想』ミネルヴァ書房、二〇〇五年、二六九頁。
（5） 山田高生「ヴァイマール経済民主主義の成立前史――第一次大戦前における思想的先駆と自由労働組合の社会政策」『経済研究』（成城大学）第七七号、一九八二年三月、二三九頁。

2　ギルド社会主義論から労使パートナーシップ論へ――G・D・H・コール

(1)　人物と著作

ジョージ・ダグラス・ハワード・コール（George Douglas Howard Cole, 一八八九～一九五九年）は、大学の教員であると同時に、政治理論家であり、また労使関係論に貢献した。

オックスフォード大学のベリオール・カレッジを卒業後、独立労働党とフェビアン協会に加入した。

ウェッブへの挑戦

一九一三年、コールが二四歳の時に、最初の著作『労働者の世界』(1)を著した。「現在と将来の労働組合運動に関する議論」という副題で、フェビアン協会の指導部にたいして、「シドニー・ウェッブ主義」(2)という――あるサンジカリストによる――蔑称を用いながら、議会主義に代えて労働組合による直接行動に注目すべきことを主張した。分権化された産業社会の「ギルド」の緩やかな連合体によって管理・運営をおこない、賃金制度を廃止する構想を提起した。

しかし、一九一四年の夏のフェビアン協会の内部での主流派との論争で敗れると、翌年、同協会を脱退している。そして、全国ギルド同盟（National Guilds League）を結成し、ウェッブ夫妻らフェビアン協会の「国家社会主義」を攻撃した。この一九一五年にはクラフトユニオンの合同機械工組合（ＡＳＥ）の無給の調査部長に任命されている。

そして第一次大戦に入って、一九一七年には『産業の自主管理』[3]、終戦後の一九二〇年には『産業におけるカオスと秩序』[4]、『ギルド社会主義再論』[5]を出版する。一九二〇年代前半頃までがコールの「ギルド社会主義」論のピークの時期であった。それは、一九二〇〜二一年にイギリス共産党が結成されると、ギルド社会主義者のうちの少なくない人物が共産党に結集・合流したからであった。

一方、一九一八年には労働党はシドニー・ウェッブ議長の下で、生産手段の社会化をプログラムに盛り込み、個人党員制度を導入することで改革をおこなった。コールと意見が対立していたウェッブ夫妻も一九二〇年に刊行した『大英社会主義社会の構成』にはコールの所説の要素も一部取り入れた。

リアリズムへの転換

コールは一九二五年にオックスフォード大学で経済学の准教授に就任し、労働調査局（Labour Research Department）の名誉事務局長は辞任した。

そして、一九二九年にコールはフェビアン協会に復帰している。一九三〇年にはマクドナルド第二次労働党政権の経済諮問委員会に経済学者のジョン・メイナード・ケインズとともにそのメンバーとして参加した。そして、一九三〇年代には、中央集権的な計画化への関心を強め、ユートピア的な構想よりも、「現存する機能集団」を重視する姿勢へと「理論的な転換」[6]をおこなった。

第二次大戦中の一九四〇年には請われてウィリアム・ベバリッジの助言者となった。戦後は一九四八年に『イギリス労働者階級運動小史』[7]（日本語訳は、『イギリス労働運動史』[8]）の改訂増補版を出している。一九五七年にはナッフィールド・カレッジを退職し、リサーチ・フェローになっている。この年、最後の著作となる『労使パートナーシップ論』を書いている。

(2) コールの労使関係論の特質

ウェッブ夫妻の労働組合論が影響力をもったのは、一九世紀末から一九二〇年頃までが中心であったのにたいして、コールのそれは第一次大戦から第二次大戦後の一九五〇年代までの時期を中心とするものである。

三つの貢献

コールは、その「ギルド社会主義」論によって資本主義の下での労働組合のみならず、社会主義社会への移行とその後の労働組合の役割という論点を提出し、一世代上のウェッブ夫妻の胸を借りて論争を挑んだ。また、労働組合の組織形態の分類論を展開した。しかし、晩年は、イギリス労働運動の保守性という現実のなかで、企業のなかでの労働者のステータス（地位）を保障すべきだとする「労使パートナーシップ」論を提案した。

要するに、コールの労使関係論への貢献は、①初期のギルド社会主義論の提起と、②それにもとづいた労働組合の組織形態論、そして、③晩年の「労使パートナーシップ」論の三つが注目される。順に取り上げていこう。

「ギルド社会主義」論——生産者による社会主義

コールの最初の著作である『労働者の世界』(一九一三年)は、ウェッブ夫妻の『労働組合運動の歴史』(一八九四年)以降、初めてのまとまったイギリス労働組合運動の記述であった(もっとも前節で述べたように、ウェッブ夫妻は、『労働組合運動の歴史』の改訂版を一九二〇年に刊行する)。

そこでは、一九一〇年代初めのいわゆる「労働不安」期(一九一〇～一四年)の最中に出版されている。この時期は、労働組合の組織化の大きな進展、ストライキを中心とした労働争議の多発、そしてフランスのサンジカリズムとアメリカの産業別組合主義の思想と運動の影響がみられた。コールの『労働者の世界』はイギリス労働組合運動の変化とともに、そうした労働運動思想・社会主義思想の紹介を含んでいた。

コールは、労働者による産業管理を重視し、「ギルド」という名称で呼ばれる組織が生産者となる社会の構築を主張した。現代の「ギルド」は、もちろん、中世の「ギルド」ではなく、労働組合を指している。そして、労働組合も現存のものそのものではなく、「職場」を基礎として「産業別組織形態」をとる刷新された組織としての労働組合＝「ギルド」である。すなわち、「今日の労働組合」を「明日のギルド」の基礎とする構想である。(9) そして、そうした「ギルド」＝労働組合の職場・地域・

全国のネットワークと後景に退いた国家との連携による産業の共同管理を「ギルド社会主義[10]」と名付けたのであった。これによって、マルクス主義者の「破局革命」を回避し、賃金制度を廃止した「完全な産業民主主義」を樹立できるとしたのである[11]。

前節で、ウェッブ夫妻の労働組合の定義が『労働組合運動の歴史』の初版で「雇用条件」としていたものを改訂版では「労働生活の条件」と拡張されたことをみた。その理由について、「[初版の定義は]労働組合がつねに資本主義または賃金制度の恒常的な存続をはかるということを意味するものとして反対されてきたが、そのような意味をふくませるつもりがあったわけではない」と反論していた。これはコールの『労働者の世界』が「機能が組織構造を決定する」「組織構造は機能によって決定される[12]」と強調することで、資本主義のみならず、社会主義の下での労働組合の機能を提起して、ウェッブを批判したことへの反応であった。その結果、前節で見たように、「賃金労働者が労働生活の条件を維持または改善するための恒常的な団体である[13]」と変更したのであった。

そして、ウェッブが『産業民主制論』や『大英社会主義社会の構成』で「消費者」を強調したこととは対照的に、コールのギルド社会主義は「生産者」を中心とした社会構想を提起したことに大きな特徴がある。言い換えれば、「消費者」と「国家」を相対的に軽視した。こうしたコールの思想は、当時の社会主義思想の主流であり、同時にフェビアン協会の指導者であるウェッブの「消費者」と「国家」重視への批判を意味した。

労働組合の組織形態論による貢献——三大類型の定式化

コールが、とくに労働組合論で理論的に貢献したものに、労働組合の組織形態論があることが意外に知られていない。イギリスでも日本でも、先進国の労働組合の主要な組織形態は「クラフトユニオン」、「産業別組合」、「一般組合」の三つが挙げられることが多い。労働分野の概説書や辞典類ではほとんどの場合、そう書かれている。しかし、これがオリジナルにはコールによる分類であることは、ほとんど意識されていない。

もちろん、これはコールの「ギルド社会主義」論が基本にあって、またアメリカの産業別組合主義の思想の影響もあって、産業別組合とその職場組織[14]を重視したからであり、単なる組織分類論・形態論ではない。とはいえ、コールの分類も、三つの類型に収まるのには一九一〇年代から五〇年代にかけて歴史が必要であった。その変遷を図表1—2—1にまとめてみた。

これを見るとわかるように、最初の組織形態論は、先に見た一九一三年の『労働者の世界』に現れる。「今日、労働組合の組織構造の問題は、労働運動に提起された中心的な問題である[15]」と捉えている。その際の形態論は、①クラフトユニオン、②職業別組合、③産業別組合の三種類であった。一般組合は独自の組織形態とは見なされておらず、労働組合の「精算所 (clearing-house)[16]」にすべきである、とのべている。また、不熟練労働者は一般組合へ、半熟練労働者はクラフトユニオンへ振り分けるべきだ、という組織方法にも触れている[17]。

そして、「フェビアン調査局による労働組合調査の準備のためのイギリス労働組合運動の現状の簡略な研究」という長い副題の付いた一九一八年の『労働組合運動入門[18]』では、かなり細かな分類をおこなっている。すなわち、①クラフトユニオン、②素材別組合、③産業別組合、④雇用別組合、⑤不熟練労働者組合、⑥性別組合、⑦世界産業労働者組合の七種類である。

五年前の『労働者の世界』と比較すると、「クラフトユニオン」は同じだが、「職業別組合」は消えている。そして、「素材別組合」（素材としての鉄鋼つながりの組合）を新たな分類とし、その亜種としてドイツの金属労組（現在のＩＧメタル）に見られる産業別組合に近似のタイプと、イギリスの合同機械工組合のようにクラフトユニオン類似の場合とがあると区分している。

また、「産業別組合」を主要形態としていることは前著と同じなのだが、イギリスの鉄道や消費協同組合、公営企業などに見られる「雇用別組合」（単一使用者に雇用される労働者をその職種にかかわらず組織する組合）――言い換えれば企業別組合――を「産業別組合」に数えているという特徴がある。日本の読者にとってみれば奇妙この上ないが、これは、コールの産業別組合の定義が、「同一の使用者あるいは使用者の集団[19]」の下ではたらく労働者の組合を指しているからである。もっとも、日本でも巨大な企業別組合であった国鉄労働組合を単産（単位産業別労働組合）に数えてきた[20]。

そして、「不熟練労働者の組合」を初めて登場させて、それを、①熟練労働者がクラフトユニオンに組織されている産業の非熟練労働者を組織している場合、②未組織の産業、業種であらゆる種類の労働者を組織している場合、③一部の労働者が組織されているものの、全国的に組織されていないか、あるいは全労働者を組織することが困難な組織の三つに分類している。

The Organised Labour (1924)	*The Introduction to Trade Unionism* (1953)
労働組合の分類 classification of trade unions	労働組合の類型 types of trade unions
クラフトユニオン craft union 素材別組合 material union 産業別組合 union by industry 雇用別組合 employment union（organisation by employment） 不熟練労働者組合 union of unskilled workers（general workers' union） 性別組合 sex union 世界産業労働者組合 IWW	クラフトユニオン craft union（departmental union） 産業別組合 industrial union 一般組合 general union
（1918）の改訂版だが、 類型は1918年版とほぼ同じ	三大類型が見出しになっている 産業別組合の二大形態とし、同一産業型とIWW型をあげる N. Barou, *British Trade Unions*（1947）がコールよりも先に三大分類として示していた

図表1―2―1　G.D.H.コールの労働組合の組織形態論

The World of Labour (1913)	*The Introduction to Trade Unionism* (1918)
三大組織化方法 three possible methods of organisation	労働組合の分類 classification of trade unions
クラフトユニオン craft union 職業別組合 occupational union 産業別組合 industrial union	クラフトユニオン craft union 素材別組合 material union 産業別組合 union by industry 雇用別組合 employment union 不熟練労働者組合 union of unskilled workers 性別組合 sex union 世界産業労働者組合 IWW
一般組合を「組織化方法」とはとらえておらず、「精算所」clearing-houseとしている 熟練skilled, 半熟練semi-skilled, 不熟練unskilledの三層が議論されている semi-skilled　はcraft unionへ、unskilledは general labour unionへ組織されるべきだと主張	

（注）G.D.H.コールの上記の4つの文献にもとづいて、浅見和彦が作成。

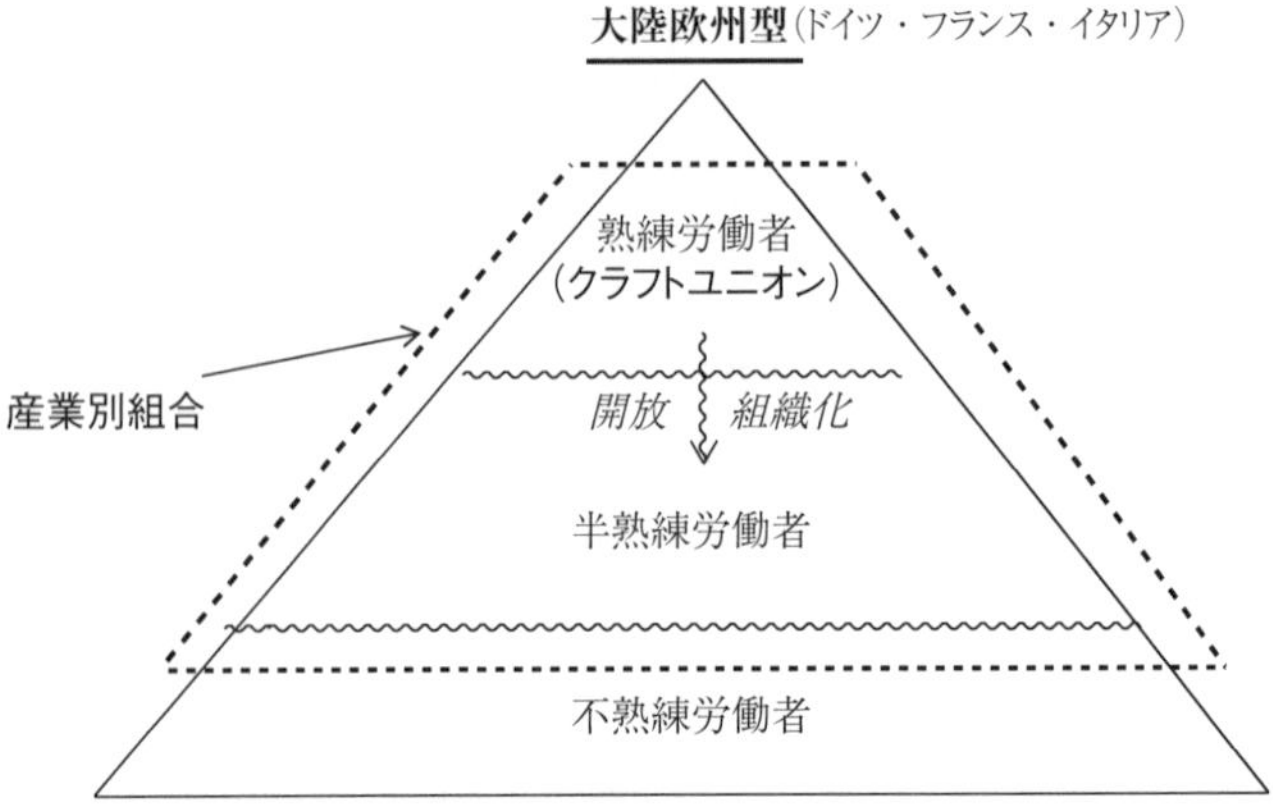
大陸欧州型（ドイツ・フランス・イタリア）
熟練労働者
（クラフトユニオン）
産業別組合
開放
組織化
半熟練労働者
不熟練労働者

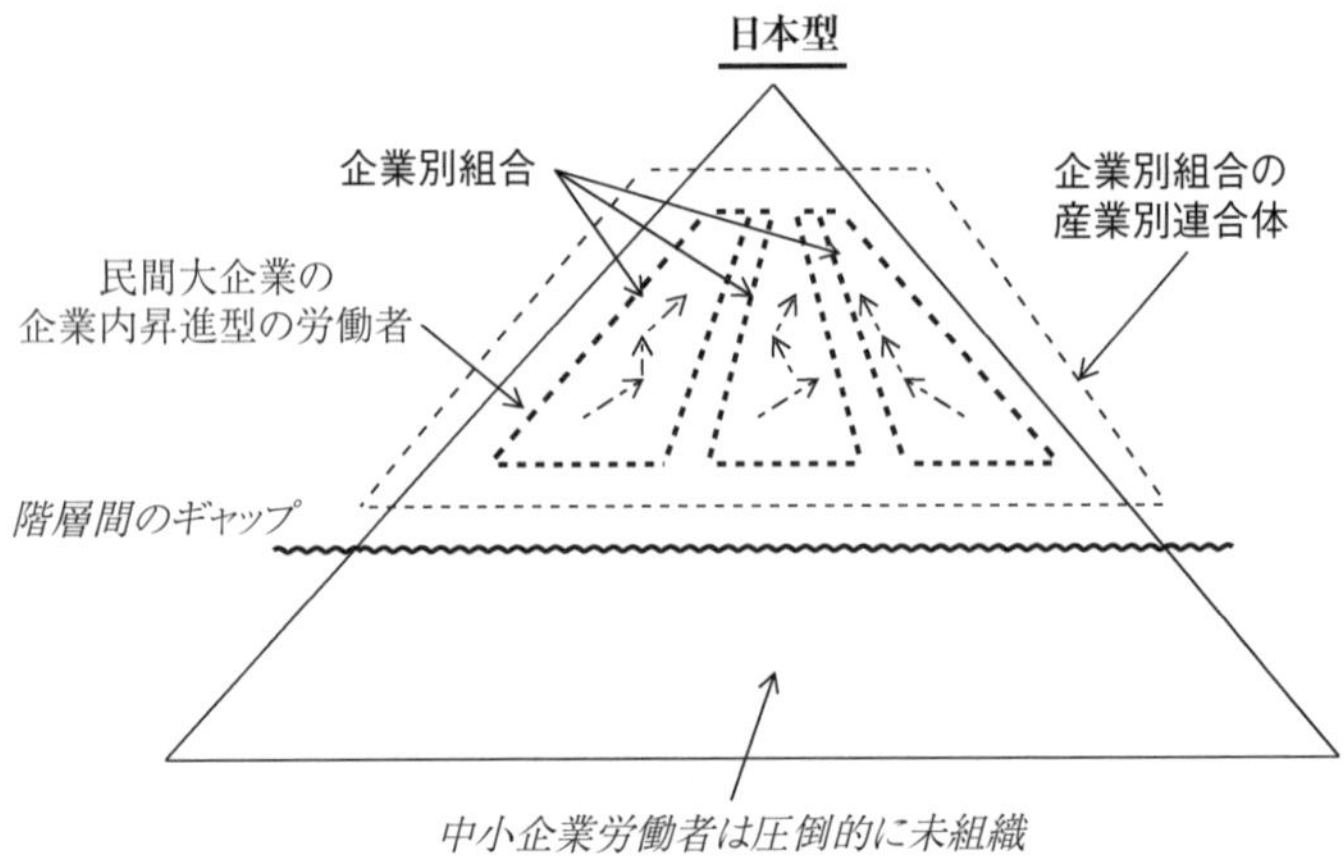
日本型
企業別組合
企業別組合の
産業別連合体
民間大企業の
企業内昇進型の労働者
階層間のギャップ
中小企業労働者は圧倒的に未組織

図表1－2－2　各国の労働組合組織状況の比較

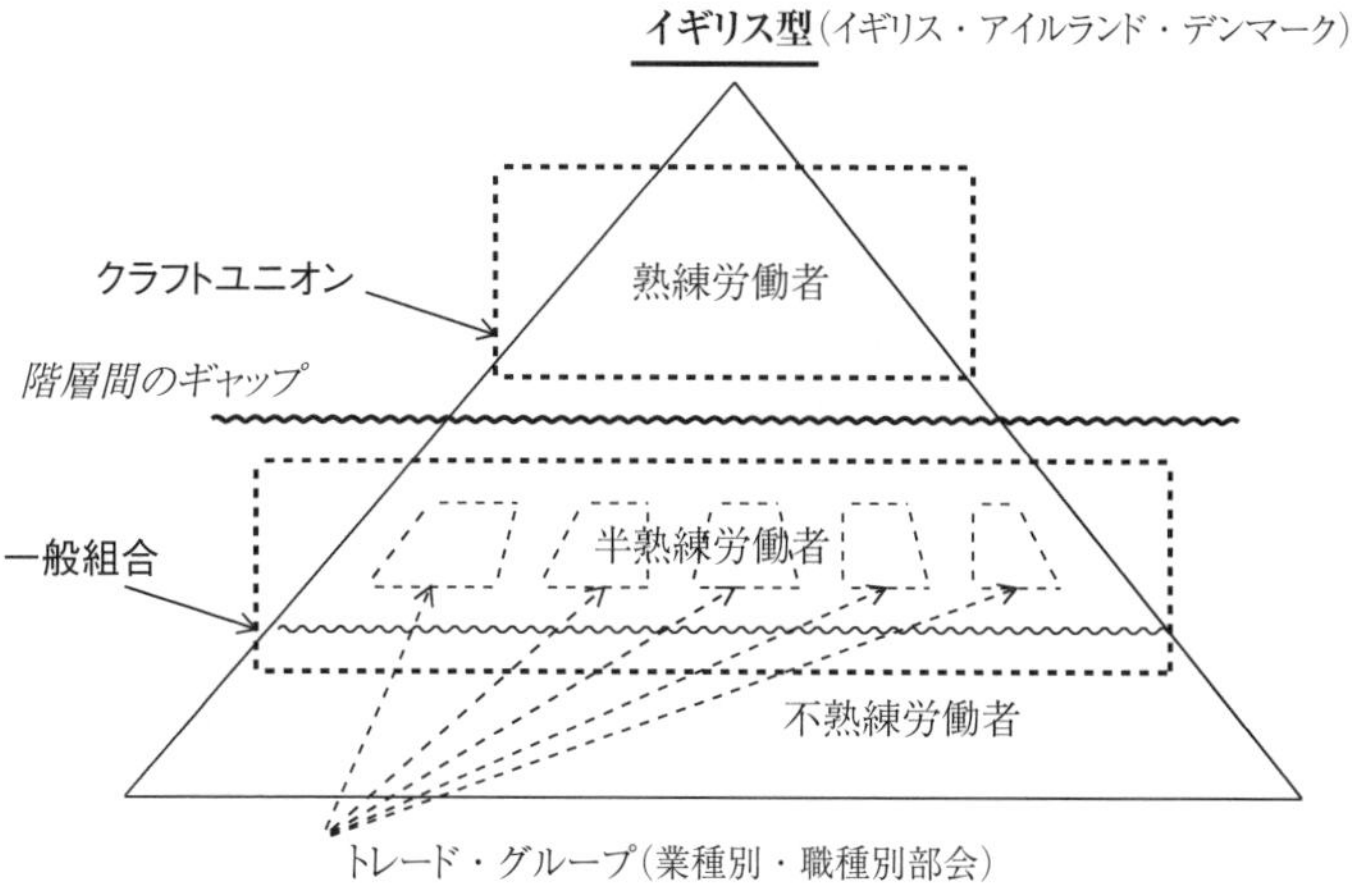

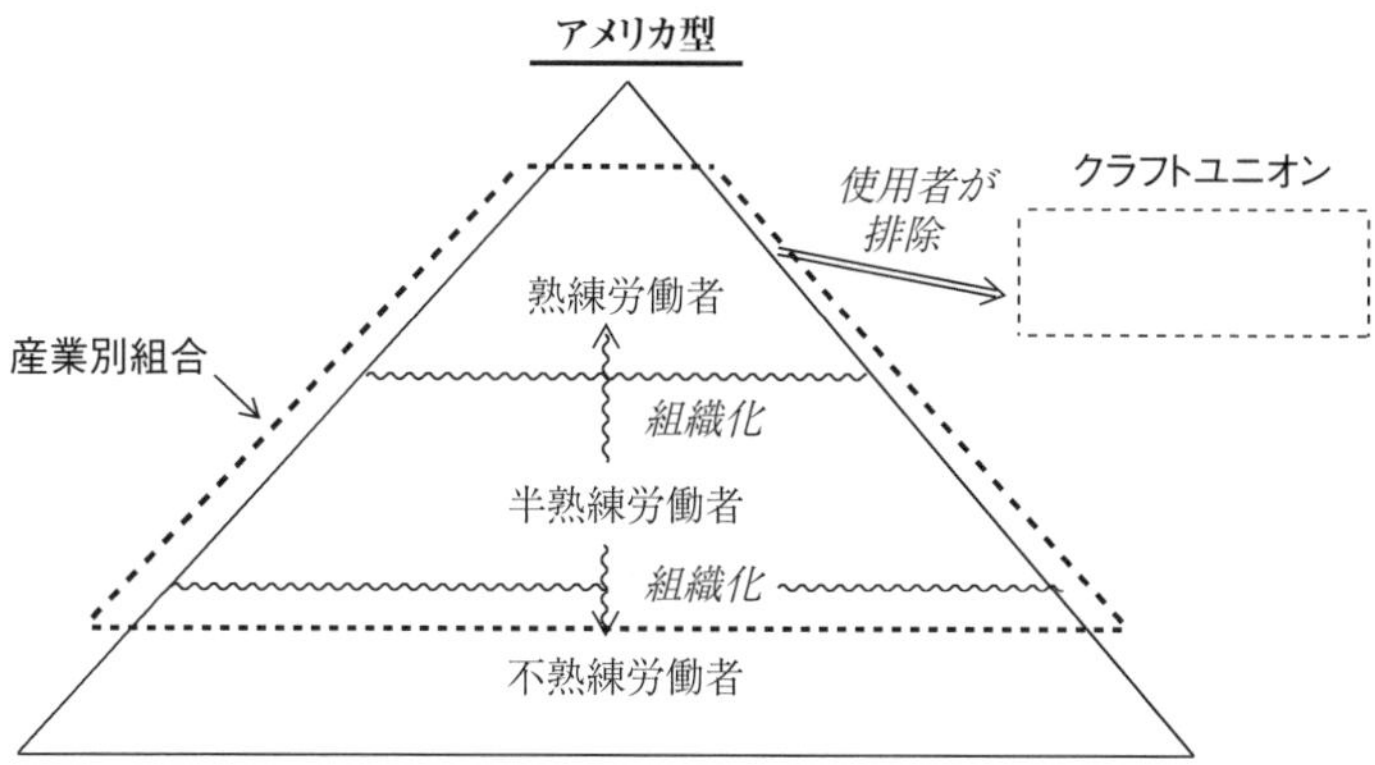

（注）浅見和彦が作成。本書のコラム②も参照。

「性別組合」は女性労働組合（全国女性労働者連合NFWW、一九〇六〜二一年）を指している。クラフトユニオン、たとえば合同機械工組合（ASE）は第二次大戦中まで女性の組合加入を禁じてきたが、そうしたASEなどを「性別組合」というのではなく、排除された女性労働者がやむを得ず組織した組合を「性別組合」と呼んだわけである。最後の世界産業労働者組合（IWW）は北米の労働組合で、事実上、移民労働者の組合であるが、「ワン・ビッグ・ユニオン」を標榜しており、別の分類としてある。

その六年後の一九二四年に出された『組織された労働者――労働組合運動入門』[21]は、前著の『労働組合運動入門』で書かれた事実が第一次大戦後に大きく変わってしまったので、その改訂版として刊行したものである。変化の最大のものは、一九二二年の運輸一般労働者組合（TGWU）の結成と、一九二四年の全国一般自治体労働者組合（NUGMW）の結成であり、巨大な二つの一般組合が誕生し、クラフトユニオンと一般組合の二層構造というイギリスの労働組合の特色がつくられたことである（図表1―2―2を参照）。しかしながら、コールの労働組合の組織形態論自体には大きな変更はない。「不熟練労働者の組合」としていたものを「一般労働者の組合」という表現も併用するようになったことなどが違うだけである。

そして、『組織された労働者』のアップデート版であり、第二次大戦後の一九五三年に出版した『労働組合運動入門』[22]では、はっきりと見出しを付けて、①クラフトユニオン、②産業別組合、③一般組合の三分類に最終的に整理したのである。「不熟練労働者の組合」という表現はなくなって、「一般組合」となった。一般組合が不動の位置を占めることは事実として明らかになり、それを「精算所」と見る考え方を放棄せざるを得なくなったのである。また、「性別組合」は一般組合に吸収・合併されることで、事実上消滅したことを確認している。そして、世界産業労働者組合（ＩＷＷ）は産業別組合のなかの小区分としている。こうして、今日われわれがよく目にする三大分類に落ち着いたのであった。

ウェッブによる反論――「組織形態論には限界がある」「消費者も重要」

コールのこうしたギルド社会主義論と労働組合組織形態論に対して、ウェッブ夫妻はコールを名指ししていないものの、反論をおこなっている。それは、『産業民主制論』の一九二〇年版の序文の次の部分に見られる[23]。

「一八九七年に〔『産業民主制論』を出したときに〕は、クラフト別の組織と産業別組織とのあいだで起きた問題に明示的には言及しなかった」とのべたうえで、次のように書いている。

「労働組合の最も有効な組織形態」は『クラフト』と『産業』との対立というようなものではあらわすことができない複雑なものである」。しかしながら、興味深いのは、論争が「社会主義社会における労働組合運動の究極的な機能についての論争」になっている点である。一八九四年に『労働組合運動の歴史』を公刊したときには、クラフト別でも産業別でも、労働者の組織は、現在の資本主義組織に関連して見られており、将来の共同社会にはその地位を見いだせないものと思われていた」からである。

しかし、「資本主義における使用者と肉体労働者のあいだの長期にわたる利害の闘争で、『産業別組合運動』あるいは『ワン・ビッグ・ユニオン』がどれだけ有益であったとしても、資本主義的な使用者が消滅したときに、それと同じような組織が社会化された産業の運営においても最良の方法であると想定する理由はない」と強調する。そして、ギルド社会主義者が構想する生産者のみならず、消費者も社会主義社会で重要な役割を果たすであろうという。

労働組合にいま要求されている産業経営への参加は、将来果たすべき重要な役割の前兆を示してはいるけれども、それは現在の労働組合ではなく、各々の職業の独立した組織によって果たされることになるだろうとし、『大英社会主義社会の構成』[24]において、それを詳しく示しておいたとのべている。

要するにウェッブの主張は、①資本主義の下での労働組合の組織を議論する場合であっても、組織形態——クラフトユニオンか産業別組合か——だけを問題にするのは単純すぎる。『産業民主制論』の第一部第三章で扱った「統治の単位」（職種と地域、支部と中央本部などの内部組織構造）という議論が必要である、②将来の社会主義では、資本主義における労働組合組織がそのまま役割を果たすのではなく、新たな職業団体が必要になる、③また、社会主義社会においては、「生産者」を代表する組織だけでなく、「消費者」を代表する組織が重要な役割を果たすであろう、というものである。

「ギルド社会主義」論の放棄

一九一〇年代から二〇年代にかけての労働組合運動の激動の時期には、ギルド社会主義論はラディカルな社会主義思想の一翼を担ったが、一九一八年の労働党の社会主義プログラムの採用、個人党員制度の導入などの改革、また一九二〇～二一年の共産党の結成、それへのギルド社会主義者の一団の合流[25]によって、その実践的な運動としての余地は狭まった。さらに、一九一七～一八年に刊行されたホイットレー委員会の報告にもとづいて、産業別の労使交渉機構と企業内の労使協議の整備が国家の介入を伴いながら開始された。

同時に、ヨーロッパ政治におけるファシズム、ナチズムの台頭、経済思想としてのケインズ主義への関心から、コール自身、ギルド社会主義の精緻化を進めることはなくなった。

コールのギルド社会主義論の指導者としてのピークは、「おそくとも一九二〇年にはクライマックスに達していた[26]」か、あるいは「一九一七年から一九二三年まで[27]」であった。

そして、ビアトリス・ウェッブによれば、一九二八年には、「コールと妻は、ギルド社会主義やその他のプロレタリア主義は放棄した。コールの説明――というか言い分け――によると、戦後の条件ではそのような革命的な変革は認められず、主としてコントロールされた資本主義、過渡的な政権を通じて変革が生じるし、専門家や科学の発達に左右されるという――これはウェッブ式のフェビアン主義の純粋な言葉である。…その他の点でも、コールは知的にも人格的にも成熟したのである[28]」。

さらに第二次大戦後から一九五〇年代になると、労働組合と労働党の「産業民主主義と統制の問題への関心の衰退[29]」が明らかになるにつれて、双方の組織に対して悲観的になった。

「労使パートナーシップ」論の提案——企業内におけるステータスの保障

そして、コールが書いた生前最後の本になるのが『労使パートナーシップ論[30]』（日本語訳の題名は『労働者——その新しい地位と役割[31]』）である。この時点でもコールは、別の著作で、「私はギルド社会主義者であったし、今でもそうである[32]」と書いているし、『労使パートナーシップ論』は「以前のギルド社会主義論の一部を現在の状況に適用した試み」と考えたということである。しかし、それが「資本主義の下で実現可能であるか」などの理論問題については「曖昧で未完成[33]」のものになった。

コールのいう「労使パートナーシップ」論の内容は、以下のようなものである。[34]

まず、イギリス労働者の企業との関係について、「かれは自分たちが働いている企業のパートナーではなく、『単なる労務の提供者』であり、もし企業がかれらの勤務を必要としなくなると、いつでも解雇される[35]」とのべる。また、工職（ブルーカラー労働者とホワイトカラー職員）のあいだの差別もあることへの言及もおこなっている。

この状況に労使はどのように対応しているのか。

まず、労働組合は日本とは大きく異なる。「労働組合は産業の実際の運営にはついては外部組織であって、経営者に圧力をかけることはできるが、経営の内部で積極的な役割をもつことができない[36]」のである。また、「産業の管理の参加者となれば、その結果、労働組合ではなくなる」。労働組合の代表と株主によって任命された経営者と一緒に重役会をつくることで問題を解決しようとするのは間違った考え方である、とのべて、ドイツ型の経営参加を否定している。

「重要なのは、すべての労働者に、なんらかの形で、見習い期間を経た後、かれらが働いている事業での『パートナー』の地位を与えることなのである」と提唱する。「普通の労働者は…産業管理にはなんらの興味も持たないだろう」「しかし、仕事によって与えられる地位には興味を持っている」。

具体的な「パートナーの地位」についていえば、「労働者が保障されなければならない点は、特定の仕事や特定の企業で永続的に雇用されることではない[37]」としている。

要（かなめ）となるのは、「当然解雇の理由となる場合を除いて、なんの落ち度もない場合には決して解雇されない」ことと、「解雇される場合は、その能力に合うような他の企業での『パートナー』の地位が必ず保障されるか、適当な企業が見つからない場合は、今までの企業が自身の負担で地位を保障し、しばらくの間、別の新しい仕事に適するような訓練を受けられるようにする[38]」ことである。

また、「新規労働者は、初めから、準パートナーとして完全なパートナーの地位を得るための正規のコースに立つ者として認められなければならない[39]」。

労使協議も重要であるが、「[労働組合による]団体交渉の範囲をひろげて、いままでただ労使協議の対象にとどまっていた事項を、これに含めることが必要である[40]」。

こうして「より民主的な労使関係のすべてといえる『パートナーシップ』を認めることは必要な変革に対する抵抗を激減させることになるだろう」として、「労働者に真のパートナーとして、能率的な生産の促進のための適切な提案を受け入れさせること」[41]ができるだろうとの展望を示している。そして、当面、公有企業と民間大企業の従業員を対象に先行させることを提案したのだが、もちろん、これはイギリス企業では実現することはなかった。

保守党も構想した「労使パートナーシップ」

しかし、こうした「労使パートナーシップ」論は、実はコールに限られたものではなかった。保守党によっても、「労使パートナーシップ」論が第二次大戦直後から一九五〇年代にかけて提唱されていた事実がある。保守党と労働組合運動との関係を専門的なテーマにしているピーター・ドーリーによると、「保守党の多くの党員は、大半の労働者が経験する疎外感や自尊心の欠如の感情――ときには労働争議の勃発さえ引き起こすもの――を改善するための最も効果的な手段の一つは、産業と職場においてパートナーシップを促進することである、と確信していた」[42]という。

一九五五年から五七年まで保守党の首相を務めたロバート・イーデンなどの幹部たちは、労働者のあいだにある「奴らと我ら」という態度について、第二次大戦前のドイツ―フランス間の「マジノ線」にたとえたり、「逆アパルトヘイト」と呼んだりしていたのである。しかし、「労使パートナーシップ制度への熱意は、保守党の内部で一般的であったとはいえなかったのである」[43]。保守党内の進歩派と見なされる人物でさえ、パートナーシップの価値について必ずしも十分認識していたわけではなかったからである。

□　□　□

この第1章では、労使関係論の「起源」としての労働組合論のパイオニアであるウェッブ夫妻とコールの理論を見てきた。ウェッブの『産業民主制論』は一九世紀末までのイギリス労働組合史から導き出された理論の「古典」となった。

またコールは、その「ギルド社会主義」論によって資本主義の下での労働組合のみならず、社会主義社会への移行とその後の労働組合の役割という論点をつきだして、ウェッブに論争を挑んだ。しかし、第二次大戦後は、企業内での労働者のステータスを保障する「労使パートナーシップ」論を提案するにいたった

次の第2章では、第二次大戦後の労使関係論を形成したプルーラリズム（労使多元主義）の潮流に属する三人の学者の理論を取り上げる。最初に、政治的民主主義とパラレルな思想を労使関係に導入して、「産業民主主義としての団体交渉」論を確立したヒュー・クレッグを取り上げる。

（1）　G. D. H. Cole, *The World of Labour: A Discussion of the Present and Future of Trade Unionism*, G. Bell and Sons, 1913.

（2）　*Ibid.*, p. 3.

(3) G. D. H. Cole, *Self-Government in Industry*, G. Bell and Sons, 1917.
(4) G. D. H. Cole, *Chaos and Order in Industry*, Frederick A. Stoke, 1920.
(5) G. D. H. Cole, *Guild Socialism Re-Stated*, Leonard Parsons, 1920.
(6) A. W. Wright, *G. D. H. Cole and Socialist Democracy*, Clarendon Press, 1979, p. 127.
(7) G. D. H. Cole, *A Short History of the British Working-Class Movement, 1789-1947*, A New Edition Completely Revised of A Standard Work, George Allen and Unwin, 1948.
(8) G・D・H・コール（林健太郎・河上民雄・嘉治元郎訳）『イギリス労働運動史Ⅰ、Ⅱ、Ⅲ』岩波書店、Ⅰ一九五二年、Ⅱ一九五三年、Ⅲ一九五七年。「訳者序」で「日本の労働運動に従事する人の不可欠の文献」とのべている。日本でのコールの読まれ方を代表するものであろう。
(9) Cole, *Guild Socialism Re-Stated*, p. 193.
(10) ギルド社会主義に関する最近の研究として、Marc Stears, 'Guild Socialism', in Mark Bevir (ed.), *Modern Pluralism: Anglo-American Debates since 1880*, Cambridge University Press, 2012. ギルド社会主義を三つの潮流に分類し、コールの主張をその中に位置づけている。
(11) G. D. H. Cole, 'Democracy in Industry: A Plea for Industrial Self-Government', in Percy Alden et al., *Labour and Industry: A Series of Lectures*, Longman, Green and Co., 1920, p. 68.
(12) Cole, *The World of Labour*, p. 256, 259.
(13) Sidney and Beatrice Webb, *The History of Trade Unionism*, Longmans, Green and Co., 1920, p. 1. 荒畑寒村監訳、飯田鼎・高橋洸訳『労働組合運動の歴史（上巻）』日本労働協会、一九七三年、四頁。
(14) G. D. H. Cole, *Workshop Organization*, Clarendon Press, 1923. 労働組合における職場組織の歴史を振り返ると同時に、第一次大戦前後のショップ・スチュワードの運動を分析したものだが、「正式のスチュワードが、将来、産業民主主義に向けた職場運動でいっそう重要な役割を果たすであろうことは明らかである」（p. 132）と指摘していた。合同機械工組合の支部の組織形態は居住地域別支部であったことを知らないと理解できないかもしれない。

（15） Cole, *The World of Labour*, p. 210.

（16） *Ibid.*, p. 240.

（17） *Ibid.*, p. 233.

（18） G. D. H. Cole, *An Introduction to Trade Unionism: Being A Short Study of the Present Position of Trade Unionism in Great Britain Prepared for the Trade Union Survey of the Fabian Research Department*, Fabian Research Department and George Allen and Unwin, 1918.

（19） *Ibid.*, p. 15.

（20） 氏原正治郎は、日本の産業別組合の類型の一つとして、「企業が非常に巨大であるために、一企業別組合が産業別組合的な色彩をもっている労働組合」という類型をあげている。「日本における産業別組合論に関する覚書」『日本の労使関係と労働政策』東京大学出版会、一九八九年。また、法政大学大原社会問題研究所編『社会労働大事典』旬報社、二〇一一年の「単産」の項目を参照。

（21） G. D. H. Cole, *Organised Labour: An Introduction to Trade Unionism*, George Allen and Unwin & Labour Publishing, 1924.

（22） G. D. H. Cole, *An Introduction to Trade Unionism*, George Allen and Unwin, 1953.

（23） Sidney and Beatrice Webb, *Industrial Democracy*, Longmans and Green Co., 1920, pp. xv-xvii.

（24） Sidney and Beatrice Webb, *A Constitution of the Socialist Commonwealth of Great Britain*, Longman, Green and Co., 1920. 同書の日本語訳は、岡本秀昭訳『大英社会主義社会の構成』木鐸社、一九八〇年。

（25）全国ギルド同盟の分裂と「ギルド共産主義者」の共産党への合流については、Walter Kendall, *The Revolutionary Movement in Britain 1900-21*, Weidenfeld and Nicolson, pp. 281-283を参照。

（26）Wright, *G. D. H. Cole and Socialist Democracy*, p. 105.

（27）L. P. Carpenter, *G. D. H. Cole: An Intellectual Biography*, Cambridge University Press, 1973, p. 44.

（28）Margaret Cole, *The Life of G. D. H. Cole*, Macmillan, 1971, pp. 161-162に引用されているビアトリス・ウェッブの日記（一九二八年九月一二日）。

（29）Wright, *G. D. H. Cole and Socialist Democracy*, p. 133.

（30）G. D. H. Cole, *The Case for Industrial Partnership*, Macmillan, 1957.

（31）G・D・H・コール（和田耕作訳）『労働者――その新しい地位と役割』紀伊國屋書店、一九五七年。

（32）G. D. H. Cole, *History of Socialist Thought*, IV, Part 1, Macmillan, 1958, p.10.

（33）Wright, *G. D. H Cole and Socialist Democracy*, p.136.

（34）この『労使パートナーシップ論』について、近年、日本で新たな評価が提出された。濱口桂一郎はコールの主張について、「現にドイツで、そしてなによりも日本で、彼の理想に近い職場のパートナーシップが完全雇用状態のもとで実現した」とのべている。濱口桂一郎・海老原嗣生『働き方改革の世界史』筑摩書房、二〇二〇年、一一〇～一一三頁。

なお、濱口は和田訳のこのコールの本は、「それほど話題にもなりませんでした」（一一三頁）と書いているが、和田自身は、「[社会政策論の重鎮の] 大河内［一男］さんが『コール以上にコール的な和田さんの翻訳だ』と新聞で書いてくれた。そんなことで…コールの本はよく売れました」とのべている（『和田耕作（元衆議院議員）オーラルヒストリー』近代日本史料研究会、二〇〇六年、一一三頁）。

（35）Cole, *The Case for Industrial Partnership*, p. 13.

(36) *Ibid.*, pp. 14-15.

(37) *Ibid.*, p.24.

(38) *Ibid.*, p.22.

(39) *Ibid.*, p.29.

(40) *Ibid.*, p.44-45.

(41) *Ibid.*, p.49.

(42) Peter Dorey, 'Industrial Relations as Human Relations: Conservatism and Trade Unionism, 1945-64', in Stuart Ball and Ian Holliday (eds.), *Mass Conservatism: The Conservatives and the Public since the 1880s*, Cass, 2002, p. 149.

(43) *Ibid.*, p. 150.

●コラム②

先進諸国の労働組合の主要な組織形態――その背景の違い

先進諸国の労働組合の主要な組織形態について、概説書や辞典では産業別組合が標準だとされている。しかし、これは歴史的背景の相違で異なるのである[1]（図表1―2―2を参照）。

まず、イギリス・アイルランド・デンマークでは、熟練労働者のクラフトユニオンが強固に定着する一方、変化はゆっくりと長くかけて生じたため、半熟練労働者は一般組合をつくる中心になった。同一産業内では、クラフトユニオンと一般組合は併存した。産業別組合は、クラフトユニオンが存在しなかった新しい産業（化学など）で結成された。現在のイギリスでは、最大組合のＵｎｉｔｅ（一二二万人）や三番目の規模のＧＭＢ（六二万人）は、旧クラフトユニオンと一般組合とが組織合同した「コングロマリット・ユニオン」になっている。

他方、ドイツ・フランス・イタリアでは、クラフトユニオンが存在したが、大量生産方式の普及にともない、クラフトユニオンが半熟練労働者にも門戸を開放して加入できるようにしたことと、社会主義政党の影響力が強かったことが労働者諸階層の統一への動きを強めた。その結果、クラフトユニオン自身が産業別組合へ変化していった。現在ドイツは、ブルーカラー労働者の八つの大きな産業別組合が存在して、統一した全国的中央組織がある。ホワイトカラーと公務員は、各々別の中央組織を持つ。他方、イタリア、フランスは、一つの産業に、共産主義系、社会民主主義系、キリスト教系の三つの潮流が併存しているという違いがある。

アメリカ合衆国では、企業組織や技術の変化が急速で、また、使用者側の組合敵視が強硬であったため、クラフトユニオンが大企業の基幹工程外に放り出された。その後、職場を基礎に半熟練労働者が中心になって産業別組合がつくられた。戦後は、クラフトユニオンと産業別組合が一緒になったナショナルセンターであるアメリカ労働総同盟・産別会議が結成された。

日本では、クラフトユニオンが弱く、(2) また工業化の初期から大企業が出現していた。そのためイギリス型にも大陸欧州型にもならなかった。戦後は海員などを除き、民間大企業で工職混合の企業別組合が急速に組織され主要な組織形態になった。産業別組織もつくられたが、企業別組合の緩やかな連合体として形成された。中小企業労働者の一部は合同労組に組織された。

(1) イギリス型および欧州大陸型については、Eric Hobsbawm, 'The New Unionism in Perspective', in *Worlds of Labour: Further Studies in the History of Labour*, Weidenfeld and Nicolson, 1984 を参照。
(2) 二村一夫「日本的労使関係の特質」『社会政策学会年報（第三一集）』御茶の水書房、一九八七年。

●コラム③

モンターギュ・バートン・プロフェッサー

モンターギュ・バートン（一八八五～一九五二年）は、ロシア生まれで、イギリスの繊維産業の実業家、小売業者であった。本名は、英語の表記でMeshe David Osinskyであって、一九〇〇年から〇八年の間にMontague Burtonに変わったようである。

「産業における労働と資本の平和的な関係は教育という方法によって築かれる」と考え[1]、「モンターギュ・バートン・プロフェッサー」の名称で教授の給与などを寄付することで大学に労使関係の研究を委嘱した。その仕事は雇用条件、労使関係の研究と教育、とりわけ、労使紛争の原因と労使間の平和を促進する方法の研究であった。まず、一九二九年にリーズ大学とカーディフ大学で、ついで翌三〇年にケンブリッジ大学で、「モンターギュ・バートン・プロフェッサー」が誕生したのである。

ケンブリッジ大学のモンターギュ・バートン・プロフェッサーになったジョン・ヒルトン（一九三一～四三年在職）は「貧しい労働者のための経済学者」といわれた。ラジオの番組や新聞のコラム記事で啓蒙活動をした。ＩＬＯ（国際労働機関）の専門家委員会のメンバーにもなった。また、リーズ大学のＪ・ヘンリー・リチャードソン（一九三〇～五五年在職）は、ＩＬＯに勤務した経験があり、一九三二年にイギリスで最初の労使関係論のテキストブックを出版した。この本の構成は、①職場関係、②集団関係、③賃金と労働時間、④国家介入、⑤国際関係（ＩＬＯ）となっていた。戦後にその改訂版が出されている。そして、カーディフ大学のアーサー・ビーチャム（一九四七〜五一年在職）は、学会で「私は学部時代の成績がよくなかった」と告白している。同じくカーディフ大学のマイクル・フォガーティ（一九五一〜六六年在職）は「労使関係論という科目はあまりにも幅が広すぎ、またあまりにも抽象的すぎて、内容が漠然としすぎていた」「シラバス（講義要項）もうまく書けなかった」と回顧している。[2]

この時期までのモンターギュ・バートン・プロフェッサーが労使関係論の確立で果たした役割はまだ大きいものではなかった。

（1） Eric M. Sigsworth, *Montague Burton: The Tailor of Taste*, Manchester University Press, 1990.

（2） モンターギュ・バートン・プロフェッサーについては、Dave Lyddon, 'History and Industrial Relations', in Peter Ackers and Adrian Wilkinson (eds.), *Understanding Work and Employment: Industrial Relations in Transition*, Oxford University Press, 2003, pp. 94-96を参照。

第2章

労使関係論の形成

――プルーラリズムの黄金期(一九六〇年代)

第2章のポイント

○第二次世界大戦後の資本主義諸国における福祉国家の成立を背景に、労使関係論は大学で教育・研究される学問としての地位を確立した。

○イギリスでは、一九五〇年代半ばから労使関係論がプルーラリズム（多元主義）にもとづいた労働規制論として形成され、六〇年代半ばには「黄金期」を迎えた。

○主流派であるプルーラリズムは、ヒュー・クレッグの産業民主主義としての団体交渉論、アラン・フランダースの倫理的社会主義論からのウェッブ批判、労使関係論の概念や理論の定式化、アラン・フォックスの労使関係観の三分類によって代表される。

○しかし、一九六〇年代後半におけるイギリス労使関係の改革をめぐるドノバン委員会にはプルーラリズムの学者が動員され、提案がなされたが成功しなかった。また、三人の中でも、フォックスがラディカルな転換を遂げるなど、七〇年代前半にはプルーラリズムの破綻が生じた。

1　産業民主主義としての団体交渉——ヒュー・クレッグ

ここでは、一九六〇年代に活躍するプルーラリズムの潮流の三人のうち、まずヒュー・アームストロング・クレッグを取りあげる。

(1)　人物と著作

最初に、ヒュー・アームストロング・クレッグ（Hugh Armstrong Clegg, 一九二〇〜九五年）の経歴を紹介しておこう[1]。

共産党員としての青年期

一九二〇年に生まれ、一九三五年にイギリス共産党（Communist Party of Great Britain）に入党し、第二次大戦直後の一九四七年までその活動に加わっていた。一五歳から二七歳の時期にあたる。兄のアーサーも著名な共産党員であり、青少年期のヒュー・クレッグに対する影響は小さくはなかったと指摘されている[2]。

クレッグは第二次大戦中も共産党員であったが、復員後のオックスフォード大学で分析哲学者の

H・ウェルドン[3]の講義を受けて、マルクス主義や共産主義の思想から徐々に離れていったようである。[4]また、経済学者のJ・シュムペーターや政治学者のR・ダールの理論などを取り入れ、プルーラリズム（多元主義）の労使関係論を構築していくことになる。

産業民主主義の理論と労使関係改革への関与

クレッグの一九五〇年代、六〇年代の主な仕事は、①産業民主主義としての団体交渉論を理論的に確立すること、②労働争議の解決、労使関係改革のために公職に就いて、政策の立案に関わること、③労使関係・労働組合の歴史と現状についての経験的な研究をおこなうこと、④大学における労使関係論の教育と研究の興隆に努めることにあったといってよいだろう。

まず、クレッグには、戦後直後の時期に、国有企業における労使関係についての著作『産業民主主義と国有化――フェビアン協会のための研究』（一九五一年）[5]がある。また、『使用者の挑戦――一九五七年の全国造船・機械産業争議に関する研究』（共著、一九五七年）[6]、『賃金政策と医療サービス』（共著、一九五七年）[7]がある。さらに、産業民主主義をめぐる理論的な議論である『産業民主主義への新しいアプローチ』（一九六〇年）[8]を著した。

また二つ目は、労働争議の解決や労使関係の改革に関わる委員会のメンバーなどの公職に就いたことである。鉄道（一九五九年）、港湾（一九六四～六五年）、海員（一九六六～六七年）、公務（一九六八～七一年）、自治体（一九七〇年）という産業・部門と、ドノバン委員会（一九六五～六八年）、全国物価・所得委員会（一九六六〜六七年）の委員を務めた。とくに、ドノバン委員会では、「ゲーム・チェンジャー」として主導的な役割を果たした[9]。

三つめは、労働組合・労使関係の経験的な研究をおこなったことである。クレッグとフランダースの協力関係はよく知られていて、クレッグは経験的な研究に重点があり、フランダースは理論的な研究に重点があると言われる。同時に、クレッグには、フランダースの死後は、一九七六年の『団体交渉下の労働組合運動――六か国の比較にもとづく理論』[10]のように、再び理論的な課題にも挑戦した著作がある。

また『一八八九年以降のイギリス労働組合の歴史』の一九一一〜三三年を使った第二巻（一九八五年）[11]、一九三四〜五一年を扱った第三巻（一九九四年）[12]のような歴史研究に復帰したのであった。クレッグは、この第三巻を出版した翌年に死去している。

労使関係研究所の創設に尽力

大学における労使関係研究の興隆をはかるという点では、とくにウォーリック大学に労使関係研究のコースをつくり、学界と労働界に多くの人材を供給した。また一九七〇年に社会科学研究協議会の基金で、同大学に労使関係研究所を設立するために尽力した。この研究所は、イギリスにおける労使関係研究のセンターであり、クレッグはその初代所長に就任した（一九七九年のサッチャー保守党政権の成立後、一九八一年から翌年にかけて、社会科学研究協議会の廃止を狙う攻撃が加えられ、労使関係研究所も、労働組合会議（TUC）寄りで「偏向」しているとの非難がおこなわれた[13]。

また、労使関係論のテキストブックを執筆した。フランダースとの共編著を出したあとは（クレッグとフランダースの二人の共編著はこの一九五四年の『イギリスにおける労使関係制度』のみであった）、一九七〇年にクレッグの単著『イギリスにおける労使関係システム』[14]として出版し、その後、一九七二年に第二版[15]を、一九七六年に第三版[16]を出版した後、一九七九年に大幅に改訂した『イギリス労使関係システムの変化』[17]を刊行している[18]。

氏原正治郎との共通点

脇道にそれるが、日本でクレッグに近い役割を果たした人物は、氏原正治郎ではないだろうか。氏原は、おそらくクレッグよりもだいぶ長く共産党に所属した。しかし、ベースにした学問はクレッグのような政治学ではなく、マルクス経済学や労働経済学であったという違いがある。また、公職にも就いたが、クレッグほどにはその影響力は大きくはなかったといってよいのではないだろうか[19]。

(2) クレッグの労使関係論の特質

ネオ・プルーラリズムを提唱するピーター・アッカーズ（第5章を参照）によれば、クレッグのプルーラリズムの「思想の正確な源泉をたどるのは困難」だが、シュムペーターやダールの「最新の現実主義的な政治学の理解」と「現存する経済的制度についてのクレッグ自身の詳細な分析」にもとづくものであるという[20]。

産業民主主義の探究

さらに、労使関係における国有化の限界についても非常に早い時期から気がついていて、労働組合と団体交渉を中核とした「社会民主主義的なモラル・プロジェクト」を示したのである。

クレッグのプルーラリズムは、政治学の主権論批判として発想され、「政治における行動と労使関係における行動に相違はあるものの、政治におけるプルーラリズムは労使関係に容易に移し換えることができる」とするものであった。そして、「プルーラリズムは、完全ではないモラル哲学である」とし、労使関係の「メカニズムは、譲歩と妥協の継続的なプロセスである[21]」とのべている。

先にあげた『産業民主主義と国有化』（一九五一年）の中で、マルクス、バクーニン、ウィリアム・モーリス、サンジカリズム、ギルド社会主義、ホイットレー委員会報告（一九一七〜一八年）にもとづいて設置された産業別の交渉機構、第二次大戦中の企業・事業所段階の労使合同生産委員会を検討し、団体交渉と労使協議を重要視した。

そして、その担い手である「労働組合は、産業における野党である——けっして政府となることのできない野党である」、したがって、「議会における野党とは異なった方法によってその目的を追求しなければならない[22]」と強調したのである。

産業民主主義の三原則――ウェッブ、コールとの対照

また、理論的な議論である『産業民主主義への新しいアプローチ』（一九六〇年）では、産業民主主義をめぐる国際的な諸経験を分析、整理し、九年前の『産業民主主義と国有化』とはいくつかの点で見解を大きく変更した[23]。

この著書では、革命的潮流と改良主義的な潮流の議論を整理し、またイギリス、フランス、ドイツ、ユーゴスラビア、イスラエルなどの諸経験を分析した上で、労使協議、労使共同決定、労働者評議会、団体交渉、産業の自主管理という産業民主主義の諸形態を比較して、次のような結論を導き出している。すなわち、①国家と経営者からの独立、②労働組合こそが労働者の利益を代表しうる、③企業の所有形態は労使関係の良好さとは無関係である――という産業民主主義の三原則を定式化したのである[24]。

「安定した民主主義諸国すべてにおいて、政治的民主主義とパラレルな産業民主主義と呼んでよい労使関係制度が存在する」とし、これは、「同意による民主主義あるいは圧力団体民主主義、あるいは団体交渉を通じた民主主義と呼ぶことができるものである[25]」と指摘した。

そして、「人事管理は産業管理の一つの側面であり、人事管理者がその専門家である」とし、「労働者自主管理などの形態をとらない以上、人事管理は団体交渉制度の支柱であり、本質的な要素となった[26]」とのべた。

これは、ウェッブ夫妻およびG・D・H・コールとの対話・批判によって得られた結論であったといえる。クレッグは、ウェッブからはその『産業民主制論』の団体交渉論を学びとったが、労働組合

の三つの方法のなかで法律制定の方法を最善とする国家＝官僚制社会主義を拒否した。他方、コールのギルド社会主義における労働者管理の思想は退けた。国有化は産業民主主義にとって意義を持たないと考えたからであり、また自主管理も適切とは判断しなかったのである。

産業民主主義としての団体交渉

労働組合と団体交渉を中核とした「社会民主主義的なモラル・プロジェクト」として、政治的民主主義としての投票に代わる、「産業民主主義としての団体交渉」という政治学的発想が特徴であった。すなわち、ドイツの「共同決定」とは異なって、イギリスでは「経営参加」ではなく、成熟した「団体交渉」で接近・実現できるという思想といえる。これによって、労働組合を通じて発言する「シングル・チャンネル」の考え方が確立したといえる（図表2―1―1）。

とはいえ、クレッグの産業民主主義論は、ウェッブのそれを二つの点で大きく「改訂」したものである。

ウェッブは『産業民主制論』において、「労働組合の方法」として、①相互保険、②団体交渉、③法律制定を指摘し、定式化した。そして、そのうち、法律制定の方法を最も重視する考えを強調した。また、『産業民主制論』や、とくに『大英社会主義社会の構成』[27]においては、生産者よりも消費者を重視する原則を示している。

これに対して、クレッグは、労働組合の方法としての法律制定を重視するウェッブを批判して、団

図表２－１－１　労働者組織の二重性――労働組合と企業内労働者組織

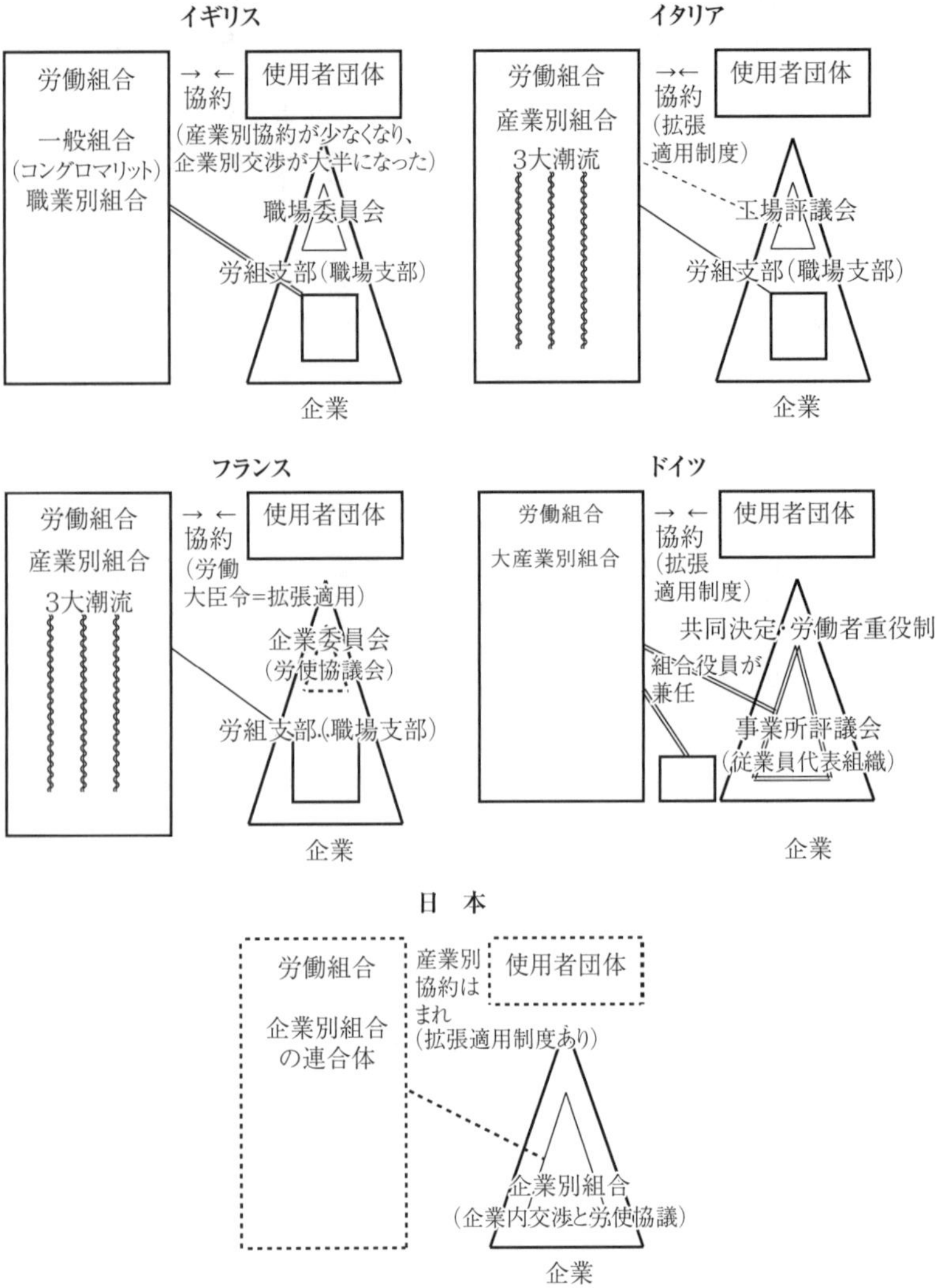

（注）浅見和彦が作成。イタリアとフランスの「三大潮流」とは、社会民主主義的潮流、共産主義的潮流とキリスト教の潮流をさす。

体交渉中軸論をとり、また消費者中心の構想を生産者中心のそれへ転換する産業民主主義論を理論的に確立したといえる。

とはいえ、クレッグは、一九七〇年代前半におけるアラン・フォックス――このあとで取りあげるラディカル・プルーラリズムの学者――との論争でその擁護に立つまでは、労使関係論としての「プルーラリズム」という用語自体を積極的に用いていたわけではなかった。

労使関係論は「労働規制のあらゆる側面に関する研究」である

それでは、クレッグは、労使関係論をどのように定義したのであろうか。かれは、一九七〇年には、労使関係論を、「労働規制の研究（the study of job-regulation）」[28]と定義した。

この簡明な定義はフランダースの定義への批判を含意した。次節で検討するように、フランダースによる労使関係論の定義は「労働規制の制度の研究」であった。これに対して、クレッグは一九七四年に――G・S・ベイン[29]とともに――この定義を「労働規制のプロセスを軽視して、労働規制の制度とルールのほうを強調するもの」と批判した。

そのうえで、「労働規制のあらゆる側面に関する研究（the study of all aspects of job regulation）――つまり、雇用関係を規制するルールの作成と適用であり、それが公式のものか非公式のものかは関係がないし、まとまりのあるものか否かも関係がない[30]」とする定義を対置した。この点では、マルクス主義の立場からのハイマンによるフランダースへの批判よりも先に、フランダースの定義への批判を提起していたことになる（なお、フラダースへの批判、そしてフランダースの労使関係論へのハイマンの批判に対するクレッグの反論は第4章で見ることにする）。

また、フランダースがいう「ルール」に対応するものについて、クレッグは次の六つをあげている。一つは、団体交渉である。二つめが使用者側あるいは経営者側による規制であり、三つめが、反対に労働組合側による規制である。一方の当事者による規制という意味だ。四つめが、制定法による規制であり、五つめが慣行で、最後に、労使協議である。[31] フランダースとの違いは、クレッグが第三者機関による調停や仲裁に言及していないことである。

産業別交渉の意義に関する調査の欠如

クレッグは、ドノバン委員会（コラム④を参照）で調査・研究と提言を作成する上で重要な役割を果たしたが、しかしながら、「公式」のシステムと呼んでいる産業別交渉機構について独自に調査・研究をしているわけではない。全国労働組合と使用者団体の多くから「証言」を得ているが、交渉機構とその機能そのものについては一切研究がなされていないのである。政治学者のロバート・キルロイ・シルクは、ドノバン委員会について次のように評している。

「王立委員会に提出された証言で新しいものはほとんど含まれていない」「王立委員会の報告の要石は、全国的な産業別協約から包括的な工場別協約に移行すべきだという勧告である」。

「しかし、産業別交渉の意義あるいは効果に関する調査はまったくおこなわれなかった[32]」と批判している。

また、最近、ＧＭＢというイギリスで三番目に大きな組合の書記長であったジョン・エドモンズ[33]から次のような批判的な回顧がなされている。

「ドノバン委員会の報告は、イギリスの労使関係と経済の将来にとって最善の策は、公式の制度から工場・事業所別交渉へと焦点を移すことであるという結論を出した」とはいえ、『近代的な』経営者が全国合同労使協議会［＝産業別交渉機構］の役割をいっそう限定されたものにすべきかどうかの検討を始める前は、まだ全国交渉から離れていく傾向はきわめて弱かった」。

それにもかかわらず、「一九七〇年代を通じて、多くの合同労使協議会は会合を中止し、廃止され、疎まれ、たいていの場合、見捨てられた。ほとんどの労働組合はこうした傾向を強く支持していた」。

「その後二〇年間、労働組合運動は守勢に回った。われわれには自らの立場を強化するなんらかの制度がなんとしても必要であった。長期にわたり立派に機能してきた全国合同労使協議会は非常に役に立ったはずであろう。しかし、その大部分はなくなってしまった」。

「振り返ってみて、後知恵からはっきりいえるのは、ドノバン委員会は風呂のお湯と一緒に赤ん坊まで流してしまった、ということである」。

「私が確信しているのは、全国的な団体交渉機構を維持していれば、ここ三〇年間のあいだに直面した攻撃に抵抗し、破壊的なプロセスを緩和させるためのよりましなポジションに立てただろうということである。」

「振り返ってみると、われわれは全国交渉についてあまりにも近視眼的であったと思う」。「われわれは、全国的な団体交渉という枠組みの価値について、それを失うまで気がつかなかったのである[34]」。驚くべき証言である。

職場組織と労働組合の関係に関する調査も遅れた

ドノバン委員会の提言が不備であったのは、産業別交渉の実態に関する調査が事実上欠如していたことだけではなかった。工場・事業所段階の職場委員の組織と全国的労働組合との関係に関する調査も欠如していたのである。

「イギリスの労使関係は、この一〇年間かつてないほどに徹底的に調査されてきたが、労働組合組織に対してはほとんど関心が払われずにきた[35]」という一文で始まる、クレッグらの共著『職場と労働組合』（一九七五年）は、一四の組合について二一のケーススタディをおこなったものである。この調査について、クレッグは、翌年の『団体交渉の下での労働組合運動』（一九七六年）のなかで、「職場組織の独立性というのはイギリス労働組合で一般的なことではない[36]」とのべている。実に驚くべきことで、ドノバン委員会の報告で有名な、職場組織や職場交渉が「非公式」「断片的」「自治的」「独立した」という規定は、「一般的なことではない」と自ら否定したものである。これは、同委員会の調査の限界を示しているし、提言の実効性を疑うに十分なのである。

次節は、クレッグによって、「傑出した理論家」と評されたアラン・フランダースを取りあげる。

□　□　□

（1）ヒュー・クレッグの伝記として、W. Brown, 'Clegg, Hugh Armstrong（1920-1995）', in Michael Poole and Malcolm Warner（eds.）, *The IEBM Handbook of Human Resource Management*, Thomson Learning, 1998; A. F. Thompson, 'Clegg, Hugh Armstrong（1920-1995）', in *Oxford Dictionary of National Biography*, Oxford University Press, 2004, online ednを参照。また、青少年期のクレッグについては、P. Ackers, 'More Marxism than Methodism: Hugh Clegg at Kingswood School, Bath（1932-39）', *Socialist History*, 38, Rivers Oram Press, 2011がある。

（2）アーサー・クレッグ（Arthur Clegg）は、一九三〇年代にイギリス共産党に入党し、党紙の「デイリー・ワーカー」（現在の「モーニング・スター」の前身）の外信部長などを歴任したが、イギリス共産党の中国政策に対して、親中国派の立場から批判し、一九五七年に離党している。その後は、一九五八年から一九七七年までロンドンのシティ大学で経済学などの講師を務めた。George Matthews, 'Obituary: Arthur Clegg', *Independent*, 16 February, 1994.

（3）当時のオックスフォード大学は、国際的にみても、分析哲学・分析的政治哲学の研究のセンターであったし、「ウェルドン主義の全盛期」であった。松元雅和「分析的政治哲学の系譜論」『法学研究』第八四巻第八号、二〇一一年八月を参照。ウェルドンには *The Vocabulary of Politics*, Penguin, 1955. がある。日本語訳は、永井陽之助訳『政治の論理』紀伊國屋書店、一九五七年。こうした学問的状況がクレッグの思想転換に一定の影響を与えた可能性があると推測できる。

（4） P. Ackers, 'Collective Bargaining as Industrial Democracy: Hugh Clegg and the Political Foundations of British Industrial Relations Pluralism', *British Journal of Industrial Relations*, 42-1, 2007, pp. 79-80.

（5） H.A. Clegg, *Industrial Democracy and Nationalisation：A Study Prepared for the Fabian Society*, Basil Blackwell, 1951.

（6） H. A. Clegg, *The Employers' Challenge: A Study of the National Shipbuilding and Engineering Dispute of 1957*, Blackwell, 1957.

（7） H. A. Clegg, *Wage Policy and the Health Service*, Basil Blackwell, 1957.

（8） H. A. Clegg, *A New Approach to Industrial Democracy*, Basil Blackwell, 1960.

（9） P. Ackers, 'Game Changer: Hugh Clegg's Role in Drafting the 1968 Donovan Report and Redefining the British Industrial Relations Policy-Problem', *Historical Studies in Industrial Relations*, 35, 2014.

（10） H. A. Clegg, *Trade Unionism under Collective Bargaining*, Basil Blackwell, 1976. そのレビュー論文として、次のものがある。Keith Sisson, 'In Praise of Collective Bargaining: The Enduring Significance of Hugh Clegg's Trade Unionism under Collective Bargaining', *Historical Studies in Industrial Relations*, 36, 2015.

（11） H. A. Clegg, *A History of British Trade Unions since 1889*, volume II, Clarendon Press, 1985.

（12） H. A. Clegg, *A History of British Trade Unions since 1889*, volume III, Clarendon Press, 1994.

（13） 一九八〇年代初頭の社会科学研究協議会と労使関係研究所への「偏向」攻撃については、Cyril Smith, 'Network of Influence: The Social Sciences in the United Kingdom since the War', in Peter Wagner et al.

(eds.), *Social Sciences and Modern States: National Experiences and Theoretical Crossroads*, Cambridge University Press, 1991; Paul Flather, 'Pulling Through – Conspiracies, Counterplots, and How the SSRC Escaped the Axe in 1982', in Martin Bulmer (ed.), *Social Science Research and Government: Comparative Essays on Britain and the United States*, Cambridge University Press, 1987.

(14) H. A. Clegg, *The System of Industrial Relations in Great Britain*, Basil Blackwell, 1970.

(15) H. A. Clegg, *The System of Industrial Relations in Great Britain*, Basil Blackwell, 1972. 同書（第二版）日本語訳として、牧野富夫・木暮雅夫訳『イギリスの労使関係制度』時潮社、一九七七年がある。

(16) H. A. Clegg, *The System of Industrial Relations in Great Britain*, Basil Blackwell, 1976.

(17) H. A. Clegg, *The Changing System of Industrial Relations in Great Britain*, Basil Blackwell, 1979. 日本語訳は、牧野富夫・木暮雅夫・岩出博・山下幸司共訳『イギリス労使関係制度の発展』ミネルヴァ書房、一九八八年。

(18) これらのテキストブックの内容とその変化については、Peter Ackers, 'The Changing System of British Industrial Relations, 1954-1979: Hugh Clegg and the Warwick Sociological Turn', *British Journal of Industrial Relations*, 49-2, 2011を参照。

(19) さしあたり、「氏原正治郎先生の人と学問を偲ぶ」『社会科学研究』第四〇巻第一号、一九八八年七月を参照。なお、氏原正治郎「経済学から見た法社会学」『日本の労使関係と労働政策』東京大学出版会、一九八九年、七五頁で、「労働と報酬をめぐる規則（job-regulations）」と書いている。フランダースはjob regulationと書き、クレッグはjob-regulationと表記するので、氏原はクレッグの著作を読んだ可能性がある。複数形の"s"がついているのは誤記であろう。

(20) Ackers, 'Collective Bargaining as Industrial Democracy', pp. 93-94. なお、C. Pateman, *Participation*

and Democratic Theory, Cambridge University Press, 1970も参照。同書の日本語訳は、寄本勝美訳『参加と民主主義理論』早稲田大学出版部、一九七七年。

（21） H. A. Clegg, 'Pluralism in Industrial Relations', *British Journal of Industrial Relations*, 1975, pp. 309-310.

（22） Clegg, *Industrial Democracy and Nationalisation*, pp.22, 24.

（23） Clegg, *A New Approach to Industrial Democracy*, pp. vi.

（24） *Ibid*, pp. 21-25.

（25） *Ibid.*, p. 131.

（26） *Ibid.*, p. 134.

（27） Sidney and Beatrice Webb, *A Constitution of the Socialist Commonwealth of Great Britain*, Longman, Green and Co., 1920. 同書の日本語訳は、岡本秀昭訳『大英社会主義社会の構成』木鐸社、一九八〇年。

（28） H. A. Clegg, *The System of Industrial Relations in Great Britain*,1970, p. 1.

（29） ジョージ・セイヤーズ・ベインはカナダ出身の研究者で、ウォーリック大学の労使関係研究所の中心人物になった。George Bain, 'A Canadian's Reflections on the Oxford School', *Historical Studies in Industrial Relations*, 37, 2016を参照。

（30） G. S. Bain and H. A. Clegg, 'A Strategy for Industrial Relations Research in Great Britain', *British Journal of Industrial Relations*, 12-1, 1974, p. 95. この論文でいう「研究戦略」は労使関係研究所のそれであることを示している。

（31） Clegg, *The Changing System of Industrial Relations in Great Britain*, pp. 2-3.

（32） Robert Kilroy-Silk, 'The Donovan Royal Commission on Trade Unions', in Richard A. Chapman (ed.),

The Role of Commissions in Policy-Making, George Allen & Unwin, 1973, p. 59. そして、「いっそう重大なのは、所得政策の全面的な無視であった」と書いている。

（33） GMBとその歴史については、John Callow, *GMB@Work: The Story behind the Union,1889-2012*, GMB, 2012がある。また、エドモンズの経歴については同書のpp. 316-320を参照。

（34） John Edmonds, 'The Donovan Commission: Were We in the Trade Unions Too Short-Sighted?', *Historical Studies in Industrial Relations*, 37, 2016, pp. 226-228. エドモンズは一九八六年から二〇〇三年までGMBの書記長を務めた。現在、ダラム大学のビジネススクールの客員教授。

（35） Ian Boraston, Hugh Clegg, Malcom Rimmer, *Workplace and Union*, Heineman, 1975, p. 1.

（36） Clegg, *Trade Unionism under Collective Bargaining*, p. 56.

●コラム④

ドノバン委員会――メンバー・会合・調査

本文でものべたが、一九六五から六八年まで、ウィルソン労働党政権の下で労使関係改革のためのドノバン委員会（正式名称は、「労働組合及び使用者団体に関する王立委員会」）が設置され、最終的には報告書が刊行された。委員長がテレンス・ノーバート・ドノバン[1]であった。

レイ・ガンター労働大臣によって任命された委員会のメンバーは、次のようになっていた。

・テレンス・ノーバート・ドノバン（ドノバン卿、元労働党下院議員、元高等法院判事）
・ヒュー・アームストロング・クレッグ（ウォーリック大学教授・労使関係論）
・ハロルド・フランシス・コリソン（コリソン卿、全国農業労働者組合・書記長）
・マリー・ジョージナ・グリーン（女性の総合制学校長）
・オットー・カーン・フロイント（オックスフォード大学教授・労働法）
・ジョージ・ポラック（イギリス使用者連盟・元会長）
・アルフレッド・ロベンズ（ロベンズ卿、全国石炭委員会・会長）
・アンドリュー・アキバ・ションフィールド（経済学者、王立国際問題研究所・研究部長）

・エドウィン・サボーリー・ハーバート（タングリー卿、弁護士、企業数社の取締役）
・ジョン・トムソン（バークレー銀行・会長）
・エリック・ウィガン（「タイムズ」紙・労働担当記者）
・ジョージ・ウッドコック（労働組合会議TUC・書記長）

会議は、毎週火曜日に開かれ、午前一〇時四〇分から始まり、午後一時まで続き、昼食を挟んで、午後二時から再会し四時までおこなわれた。合計一二八日にわたった。調査担当責任者がウィリアム・マッカーシーであった。一一のリサーチ・ペーパー[2]が提出され、また、書面での証言は政府の部局から八点、労働組合から一〇六点、使用者団体から七一点、企業から四六点、その他の団体から三八点あった[3]。個人の書面での証言は一六三点にのぼり、アラン・フランダース（第2章を参照）やベン・ロバーツ（第3章を参照）のものも含まれていた。

（1）ドノバンの経歴についてはBob Hepple, Donovan, Terrence Norbert, Baron Donovan, *Oxford Dictionary of National Biography*, 2005, online edn. を参照。
（2）最もよく知られているのは、第3章に出てくるアラン・フォックスのリサーチ・ペーパーであるが、第4章のデイブ・リドンが推奨するジョン・ヒューズの労働組合の組織論のペーパーや、アメリカ人のロバート・マッカーシー（コラム⑦を参照）の賃金制度論もある。
（3）Peter Dorey, *Comrades in Conflict: Labour, the Trade Unions and 1969s IN PLACE OF STRIFE*, Manchester University Press, 2019, pp. 25-28.

●コラム⑤

J・D・M・ベル——大学教員から使用者団体役員へ

第2章で見たように、一九五四年の教科書『イギリスにおける労使関係システム——その歴史・法・制度』[1]の「第三章　労働組合」を担当しているのは、J・D・M・ベル（Joseph Denis Milburn Bell）で当時、グラスゴー大学の近代経済史の講師を務めていた。ウェッブ『産業民主制論』における労働組合の方法のうち、「相互保険の方法」を現在では「自治的規制」と置き換える学者は多いが、それを最初におこなった人物である（図表1―1―1を参照）。

注目すべきは、この時期よりも早く一九四九年に刊行され、そして今日の研究でも引用されることの少なくない文献であるベルの単著『産業別組合主義——その批判的分析』[2]である。この著作でベルは、G・D・H・コール（第1章を参照）やN・バロウ[3]による産業別組合主義の推奨を批判している。イギリスでは二つの巨大な一般組合（当時の運輸・一般労働組合TGWUと全国一般・自治体労働組合NUGMW）が成長産業に存在し、その内部に産業別の部会を設置していることを指摘し、他の先進諸国とは異なった組織構築の課題があることを提起している（コラム②を参照）。またホワイトカラーの組織化への注目も早い。

さらに、ベルのキャリアで「おそらく最もきわだつ」[4]のは、大学教員を比較的早く辞め、電力産業の使用者団体の労務担当役員に転じ、一九六〇年代には電力産業における生産性交渉の成功[5]に重要な役割を果たし、その後、発電所の経営管理の仕事に移ったことである。

そして、その経験にもとづいて学術論文を執筆し、ドノバン委員会の報告における産業と職場との「二つのシステム」という議論は公共部門にはほとんど当てはまらないと批判した。[6] その後も、イングランド北西部電力委員会の会長として仕事をしている。大学には残らなかったが、イギリス労使関係論において忘れてはならない人物である。

---

(1) Allan Flanders and H. A. Clegg (ed.), *The System of Industrial Relations in Great Britain: Its History, Law and Institutions*, Basil Blackwell, 1954.

(2) J. D. M. Bell, *Industrial Unionism: A Critical Analysis*, The Department of Economy and Social Research, Glasgow University, 1949.

(3) N. Barou, *British Trade Unions*, Victor Gollancz, 1947.

(4) William Brown, 'The High Tide of Consensus: The System of Industrial Relations in Great Britain (1954) Revisited', *Historical Studies in Industrial Relations*, 4, p. 137.

(5) R. D. V. Roberts, 'The Status Agreement for Industrial Staff in Electrical Supply', *British Journal of Industrial Relations*, 1-1, March 1967.

(6) J. D. M. Bell, 'The Development of Industrial Relations in Nationalized Industries in Post-War Britain', *British Journal of Industrial Relations*, 13-1, March 1975.

2　倫理的社会主義と労働規制論――アラン・フランダース

それでは、プルーラリズムの理論家であり、その主要著作三冊が日本語へも翻訳されているアラン・フランダースを取りあげることにしよう。

(1)　人物と著作

最初に、アラン・フランダース（Allan Flanders, 一九一〇〜一九七三年）の経歴を紹介しておこう。[1]

革命的社会主義から改良主義へ

フランダースは、一九一〇年生まれで、一〇代の終わりにあたる一九二九年にドイツに渡航し、国際社会主義闘争同盟（ISK）[2]という小規模な革命的社会主義団体に加入し、同組織の幹部養成学校に在籍した。しかし、ナチスの台頭を受けて、一九三二年にイギリスに帰国し、ISKの英称である戦闘的社会主義インターナショナル（Militant Socialist International）のイギリス支部の活動を始めている。

この組織は、一九三〇年代には、社会民主主義と共産主義の中間的なポジションを占めようとしていた倫理的社会主義の団体といえる。レーニン主義的な組織論にもかかわらず、唯物論や国家社会主義への批判から、反ソ連・反共産主義の強烈な活動を展開した。また、ベジタリアンであることや禁酒など、特異な規律を有していた。

しかし、一九四〇年代になると、フランダースは、「計画化された資本主義」をめざす改良主義的な社会民主主義へと大きな思想転換をはかる。

自身の組織が拡大しないという理由のほか、その背景のうちで最も重要なものは、労働組合運動のナショナルセンターでの経験であった。

労使関係論の学者へ

第二次大戦中の一九四一年に『戦時賃金政策』(3)（パンフレット）および『生産のためのたたかい』(4)を執筆した。それがイギリスの労働組合ナショナルセンターである労働組合会議（ＴＵＣ）のウォルター・シトリーン書記長の目にとまり、一九四三年から四六年には、ＴＵＣの調査部に勤務する。

戦後直後の一九四六年から四八年までは、ドイツにおける連合国の占領軍政府のもとへイギリスから派遣され、ドイツ社会民主党とドイツ労働組合への助言活動をおこなっている。

一九四八年には、『イギリス労働組合運動』(5)（パンフレット）を刊行している。これはその後、第七版まで続く『労働組合』(6)の原形にあたる著作である。

一九四九年以降は、フランダースの経歴における画期をなす。一九四九年に、オックスフォード大学の労使関係論の上級講師に就任するからである。

しかしながら、政治と学問を切り離したわけではない。最高時でもわずか二六人というMSIイギリス支部である社会主義前衛グループ（Socialist Vanguard Group, 一九四一〜五〇年。一九四六年にMSIを脱退）での活動を経て、シンクタンクである社会主義同盟（Socialist Union）の中心メンバーとして活動し、一九五一年から五九年にかけて、『社会主義評論』（*Socialist Commentary*）を編集・発行する。また、フェビアン協会にも加入して、一九五〇年には『賃金政策』[7]を刊行している。こうした活動を通して、労働党の内部で右派との関係を深めたのである。

他方で、アカデミックな著作として、一九五四年に、ヒュー・クレッグとの共編著で戦後における労使関係論の最初のテキストブックである『イギリスにおける労使関係システム』[8]を刊行し、そのなかでは団体交渉論を分担・執筆した。

一九六四年には、米系のエッソ石油のフォーレー精油所の生産性協約（一九六〇年締結）を事例とした研究である『フォーレー生産性協約』[9]を刊行した。職場委員が時間外労働を管理していた状況を経営側のイニシアティブで労使の共同規制へ転換するプロセスを主題としていた。

一九六五年から六八年まで労働党政権の下で設置された王立委員会であるドノバン委員会（コラム④を参照）――ドノバン卿が議長であるが、実質的な運営の責任者はヒュー・クレッグであった――の委員にはならなかったものの、一九六五年に出版され、学問としての労使関係論を労働規制（job regulation）論[10]として確立した『労使関係――そのシステムのなにが問題なのか』[11]を翌一九六六年には委員会あてに書面での証言という形で提出した。また一九六六年に委員会での口頭証言に先だって提出した書面での証言の改訂版として一九六七年に『団体交渉――改革の処方箋』[12]を出版し、委員会の結論に大きな影響を与えた。

両書とも、産業別交渉の増大が事業所レベルではじめて十全に取り扱われるテーマを軽視する傾向を助長してきたとして、労働協約における全国―産業―事業所・企業といった段階の区別を指摘し、とりわけ事業所・企業段階の団体交渉構造の改革を提唱している。

このころ、アラン・フランダースは、ヒュー・クレッグ、アラン・フォックスとともに、「オックスフォード学派」と呼ばれたが、三人のあいだには共通点、一致点とともに意見の相違もあった。そして、一九六九年から七一年までは、ドノバン委員会の報告書にもとづいて設置された労使関係委員会（CIR）の中心メンバーとなったのである。

(2) フランダースの労使関係論の特質

前出のフランダースやクレッグら六人の共著『イギリスにおける労使関係システム』[13]は、その後に続くクレッグの単著のテキストブックの先駆けとなった。戦後イギリスにおける社会民主主義的な「合意の絶頂期」[14]を代表する労使関係論のテキストブックと指摘される。

図表２—２—１　フランダースとクレッグの労使関係「制度」

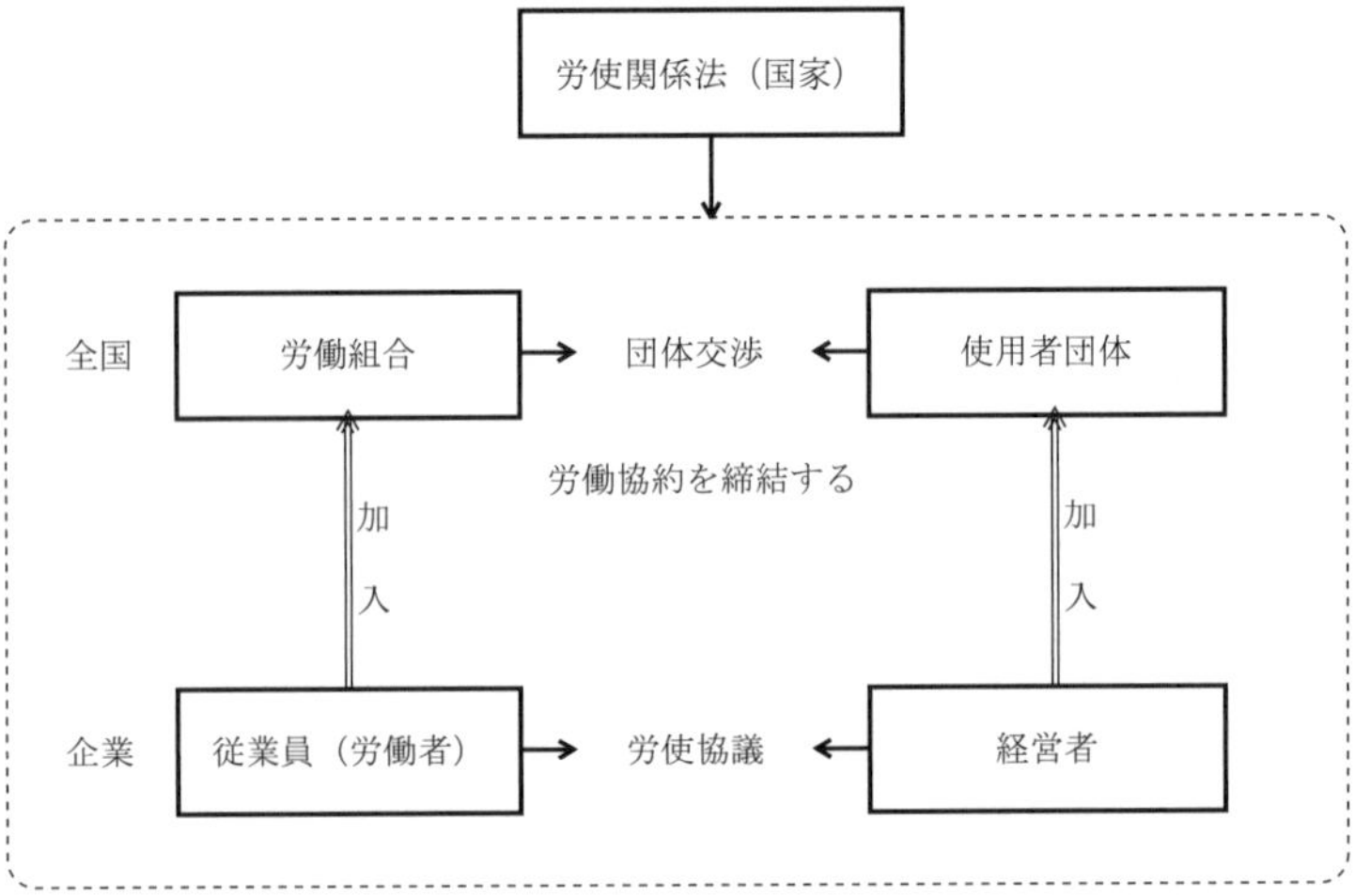

（注）Allan Flanders and H. A. Clegg, *The System of Industrial Relations: Its History, Law and Institutions*, Basil Blackwell, 1954. の章別構成をもとに浅見和彦が作成。

出発点としての「制度の研究」

このテキストブックの大きな特徴は、その焦点を「制度の研究」としたことである。「労働組合と使用者団体が労使関係の主要な制度である。その主な関係は団体交渉を通じたものである」とし、さらに「国家は団体交渉をたくさんの方法で支え、補完する。そのため、労使関係法は別個に考察することが必要である」とした。同時に、「制度は歴史と切り離すことはできない」「制度とは、重要な意味で、その歴史のことである」とした(15)。

こうした立場にしたがって、この著作は、「社会的背景」を取りあげた後、まず「法的枠組み」を議論し、労使関係の当事者である「労働組合」と「使用者（団体）」を対象とし、労使双方のあいだでの「団体交渉」と「労使協議」について論及している（図表２—２—１）。

この「制度の研究」を焦点としたことについては、「労使関係の公式の制度への集中は批判をよぶかも知れないということを認識している」とし、同時に「制度の研究は、いっそう大胆な方法を用いるための独自の準備[16]」であると位置づけた。

しかしながら、労使関係論における「いっそう大胆な方法」、すなわち理論を用いることは、その後一〇年ほどの期間、生じなかった。

労使関係論は「労働規制の制度の研究」という定義

一九六〇年代半ばに、その空白を埋めたのは、クレッグによって、「イギリスにおける——そして世界においてもといえるかもしれない——労使関係論の傑出した理論家[17]」と評価されたアラン・フランダースであった。

フランダースは、労使関係論において理論が軽視されていることを批判しつつ、労使関係を「ルールの体系」と見た。そして、フランダースは、アメリカのジョン・ダンロップの見解を参照している。ダンロップが一九五八年に刊行し、いまや労使関係論の古典となっている『労使関係システム論』（コラム⑥を参照）で述べている「労使関係システムは、職場と労働社会におけるルールを規定するものである[18]」という定義を肯定しながら、「最近まで、労使関係というシステムはルールの体系であると明確にのべられることがなかった」と指摘した。

そして、「労使関係というのは、一般的ないい方をすれば、仕事をあらわす雇用契約（ないし雇傭契約）に表現されるか、あるいは、それから生じるものである[19]」とした。

そして、労使関係論を「労働規制の制度の研究（a study of the institutions of job regulation）[20]」である、と定義したのであった。

「ルール」とはなにか――誰が書いたルールか

そして、そのルールについては次のようにのべた。

「これらのルールは、さまざまな形であらわれる。すなわち、法律、法令、労働組合による規制、労働協約、仲裁裁定、社会的慣習、経営側の決定、公認された労働慣行などにあらわれる。いまあげたものはルールのすべてをいい尽くしてはいないが、『ルール』というのが、これらさまざまな規制手段に与えられる唯一の総称的な規定である[21]」。

ここでみられるように、フランダースによって例示された「ルール」には、

①団体交渉による労使共同のルールとしての労働協約や、

②法律、法令という国家のルール、

③第三者機関による仲裁裁定が含まれるが、それだけではない。

④労働組合側による規制や、

⑤経営側の決定というように、一方の当事者だけによるものもルールと見ている[22]。さらに、

⑥社会的慣習や、

⑦経営側によって容認された労働慣行などもルールに数えている、
——という特徴がある。

手続き的ルールと実質的ルール

また、そのルールを、手続き的なルールと実質的なルールの二つに分けている。

前者には、労働組合、使用者団体、経営者、職場集団などのあいだの「集団関係」が、また後者には、労働市場における労使の経済的関係としての「市場関係」、企業の労働過程における権力関係で政治的関係としての「管理関係」と、企業内における、とくに作業集団のインフォーマルな「人間関係」の三つが含まれるとした。そして、この三つを規制するルールを実質的なルールとして指摘する。

また、労働組合代表と使用者団体代表の関係である「集団関係」が存在するとした。そして、この「集団関係」は、前三者の関係から生じる問題を解決するために必要な手続き的なルールの関係であるとした[23]。

フランダースは、労使関係とはどのような関係を指すのかについて、すでに、一九六一年の段階で、「雇用契約」にもとづく「雇用関係」をあげ、また、のち展開される「市場関係」、「管理関係」、「人間関係」と「集団関係」の四つの用語をすでに使って説明していた[24]。

なお、企業が、経済的、政治的、社会的制度という三つの性格を有していること、したがって、それらに対応して市場関係、管理関係、人間関係が形成されることは、経営学者のピーター・ドラッカーが指摘しており[25]、フランダースもこれを参照している[26]。

内部労働規制と外部労働規制

そして、事業所内の懲戒規定、賃金構造、労使協議や苦情処理の事業所内手続きなどを「内部労働規制」とし、労働法上の規定や、労働組合の規約と使用者団体の定款、双方が締結した労働協約などを「外部労働規制」として区分した（図表4―2―2を参照）。

「この区分の本質は、そのルールが一つの企業に特有のものであるか、より広い範囲をもつものであるか、ということにあるのではない。決定的な問題は、そのルールが外部の権限をもった者の同意なしに変更しうるかどうか、その企業とその従業員によって自治的に定められるかどうか、である[27]」と指摘した。

労使関係改革の担い手としての経営者――労働組合でも政府でもなく

前出の『労使関係――そのシステムの何が問題なのか』にしても姉妹編の『団体交渉――改革の処方箋』にしても、フランダースはその改革の担い手について、労働組合に多くを期待していなかったといえる。また、政府についても同様である。経営者にその担い手としての責任を求めたのである。ドノバン委員会の報告の重点もそこにある。

次のような経緯によって、そのような構想を持つようになったようである。

まず、先述したように、一九四〇年代にフランダースの革命的社会主義の展望は大転換を遂げる。「計画化された資本主義」論がその予兆であった。

また、初めての労働組合論である一九四八年のパンフレット『イギリス労働組合運動』のなかでは、労働組合は、「既得権」(vested interest) の擁護だけでなく、「正義の剣」(sword of justice) を行使する役割がある、と主張していた[28]。

一九四〇年代から賃金政策への強い関心をもち、その後、五〇年代には賃金政策について多くの論文を執筆した。六〇年代のエッソ石油フォーレー製油所での生産性交渉、生産性交渉と事業所・企業段階の交渉の構造の改革、生産性交渉と所得政策の結合を構想した。

そして、一九六〇年代末までには、労使関係改革の主体としての経営者の責任という結論に至っている。「経営者はその権利について語ることを少なくし、その責任についてもっと考えるべきである[29]」とのべたのである。

「団体交渉は政治的プロセスである」――ウェッブ批判とその含意

ドノバン委員会の報告が提出された一九六八年に、「団体交渉――その理論的分析」という論文を発表している。

ウェッブ夫妻がその『産業民主制論』で定式化した労働組合の三つの方法、すなわち、相互保険、団体交渉、法律制定[30]について再検討を加えている。とりわけ、「ウェッブ夫妻は団体交渉を経済的なプロセスとして取り扱っている」[31]と指摘し、政治的プロセスと捉えるべきであると批判し、「共同規制」(joint regulation)とも呼ぶのがふさわしいと提起した。そして、相互保険は「組合の単独規制」(unilateral union regulation)、法律制定は「国家的規制」(state regulation)と読み替えるのが適切だと示唆している。[32]たしかに、他の学者の場合も、ウェッブの三つの方法について、すでに第1章で見たように、図表1―1―1のような用語へ――とりわけ「相互保険」は労働組合の「自治的規制」へ――変更することが望ましいという主張が少なからずある。

ただ、フランダースの場合は、適切な用語への変更の主張ということにとどまらない背景が二つあると考えられる。

「物質主義の精神」への批判――「既得権の擁護」よりも「正義の剣」を

一つは、フランダースの倫理的社会主義という思想的なバックボーンの問題である。先述の『イギリス労働組合運動』のなかでは、のちにも――今日に至るまで――たびたび議論される、労働組合の目的・性格について、「既得権の擁護」と「正義の剣」が提起され、「真実はこの両極端の中間にある」[33]と書いている。

この労働組合の目的における「既得権の擁護」への批判からする「正義の剣」論をみても、倫理的社会主義という思想的な背景を読み取ることは容易である。ウェッブの団体交渉論を「経済的プロセス」論だという批判が見てとれる。さらにいえば、マルクス主義の「唯物論」への批判に通底するものがあるに違いない。事実、「今日の労働組合運動において、なぜ、物質主義（materialism）の精神は理想主義の精神をこれほどまでに埋没させてしまったのか[34]」と問うている。

二つめの事情は、フランダース自身も指摘していることだが、先述の四つの関係論にそっていえば、労働規制を「市場関係」のみならず、「管理関係」――いいかえれば、企業の人事労務管理、今日でいえば人的資源管理――へと広げていかなければならないという問題意識である。この管理関係の領域でこそ、労働規制は「政治的性格」をもち、規制は「政治的プロセス」であることが明瞭になるからである。

このフランダースの議論にたいしては、次に見るアラン・フォックスの批判がある。

□　□　□

次節では、プルーラリズムから出発し、フランダースとも共同論文を書いていていたが、そのラディカルな批判へと転じたアラン・フォックスを取りあげる。

（1）アラン・フランダースの学問的・政治的な経歴については、John Kelly, *Ethical Socialism and the Trade Unions: Allan Flanders and British Industrial Relations Reform*, Routledge, 2010; C. Rowley, 'Flanders, Allan David（1910-1973）', in M. Poole and M. Warner（eds.）, *The IEBM Handbook of Human*

Resource Management, Thomson Learning, 1998; Richard Hyman, 'Flanders, Allan David（1910-1973）', in *Oxford Dictionary of National Biography*, Oxford University Press, online edn., Oct 2009 を参照。

（2） ドイツ語のInternationaler Sozialistischer Kampfbundの略称。

（3） Alan Flanders, *Wage Policy in Wartime*, International Publishing Company, 1941.

（4） Allan Flanders, *The Battle for Production*, International Publishing Company, 1941.

（5） Allan Flanders, *British Trade Unionism*, Bureau of Current Affairs, 1948.

（6） A. Flanders, *Trade Unions*, Hutchinson, 1952. それ以降一九六八年の第七版まで続いた。西岡孝男訳の『労働組合論』未来社、一九七四年は、第七版の翻訳である。なお、「訳者まえがき」でフランダースをドノバン委員会の委員としているのは誤りである。本書のコラム④を参照。

（7） Allan Flanders, *A Policy for Wages*, Fabian Tract 281, 1950.

（8） Allan Flanders and H. A. Clegg（eds.）, *The System of Industrial Relations in Great Britain: Its History, Law and Institutions*, Basil Blackwell, 1954.

（9） Allan *Flanders, Fawley Productivity Bargaining: A Case Study of Management and Collective Bargaining*, Faber and Faber, 1965.

（10） この“job regulation”というタームは、訳語としては、これまで「職務規制」「職業規制」「仕事の規制」などがあったが、本書では「労働規制」と訳している。

（11） Allan Flanders, *Industrial Relations: What is Wrong with the System?: An Essay on its Theory and Future*, Faber and Faber, 1965. 同書はInstitute of Personnel Managementからも出版されている。日本語訳は、西岡孝男訳『労使関係論――理論と現代イギリス労使関係の分析』未来社、一九六七年である。

（12） Allan Flanders, *Collective Bargaining: Prescription for Change*, 1967. 日本語訳が、岡部実夫・石田磯次

訳『イギリスの団体交渉制』日刊労働通信社、一九六九年である。

(13) Allan Flanders and H. A. Clegg (eds.), *The System of Industrial Relations in Great Britain: Its History, Law and Institutions*, Basil Blackwell, 1954.

(14) このテキストブックに関するレビューエッセイとして、W. Brown, 'The High Tide of Consensus: The System of Industrial Relations in Great Britain (1954) Revisited', *Historical Studies in Industrial Relations*, no.4, 1997.がある。なお、アメリカのジョン・ダンロップによる労使関係論の最初のテキストブック John T. Dunlop, *Industrial Relations Systems*, Henry Holt and Co., 1958のなかにも、このフランダースとクレッグの編著書への言及が多く見られる。本書のコラム⑥を参照。

(15) Flanders and Clegg (eds.), *The System of Industrial Relations in Great Britain*, pp. v-vi.

(16) *Ibid.*, p. vi.

(17) H. A. Clegg, 'Introduction', in Flanders, *Management and Unions*, 1975, p. 7.

(18) Dunlop, *Industrial Relations Systems*, p.16.

(19) Flanders, *Industrial Relations*, p. 10. フランダースが原文で contracts of employment (or service) といっているものを「雇用契約(ないし雇傭契約)」とした。小宮文人『イギリス雇用法』信山社、二〇〇六年、五頁の注および六七頁が、このように訳し分けていること、またその根拠を参照した。

(20) Flanders, *Industrial Relations*, p. 10.

(21) *Ibid.*

(22) 遠藤公嗣は、フラダースが労使関係論を「job regulationの制度の研究」と定義していることに関して、「労働者からの『職務規制』であることを当然とするように思う。換言すると、使用者が専制的に形成する『ルール』は研究対象ではない」とのべているが、本文中に引用したようにフランダースのいう、さまざまなルールの中に「経営側の決定」を含んでおり、明らかに誤りである。"job regulation"は労働者・労働組合だけでなく、三つのアクターの行動を包括するためにつくり出した概念であることが重要なのである。また、『職務規制（job regulation）』の用語は、Dunlop［1958］の索引にない」と書いているが、"job regulation"はフランダースが一九六五年の著作で創りだしたコンセプトであり、一九五八年のダンロップの著作にないのは不思議なことではない。遠藤公嗣「労務理論の到達点から考える労使関係」『労務理論の再検討』労務理論学会誌第二三号、二〇一四年、七〇頁を参照。

（23） Flanders, *Industrial Relations*, pp.11-14.

（24） Rawley Farley, Allan Flanders and Joe Roper, *Industrial Relations and the British Caribbean*, University of London Press, pp.11-15.

（25） P. Drucker, *The New Society: The Anatomy of Industrial Order*, William Heinemann,1951, pp.20-34.

（26） Flanders, *Industrial Relations*, p.13.

（27） *Ibid*., pp. 11-15.

（28） Flanders, *British Trade Unionism*, pp. 54-57.

（29） Allan Flanders, 'Labor-Management Relations and the Democratic Challenge', *Monthly Labor*, September 1968. これは、ドノバン委員会の報告が出て、数週間後にアメリカで講演したものの抄録である。岡部・石田訳『イギリスの団体交渉制』に「付　労使関係と下からの民主的挑戦」と題して収録されている。

（30） 本書第1章を参照。

（31） Allan Flanders, 'Collective Bargaining: A Theoretical Analysis', in *Management and Unions*, p. 224.

（32） *Ibid*., p. 223. フランダースが団体交渉を「共同規制」と呼んだほうがよいと主張したのは、一九六一年のFarley et al., Industrial Relations and the British Caribbean, p.17 が最初である。

(33) Flanders, *British Trade Unionism*, pp. 54-57.
(34) A. Flanders, 'Trade Unions in the Sixties' in *Management and Unions*, p.16.

●コラム⑥

ジョン・ダンロップ『労使関係システム論』

英語圏の労使関係論研究者のあいだでは、戦後の労使関係論を確立した人物として、アメリカ人のジョン・ダンロップ（John Thomas Dunlop、一九一四〜二〇〇三年）が挙げられることが多い。ダンロップは、労使関係論の輪郭を描いて、団体交渉とその下での賃金決定の理論をつくり、また実務家として労使紛争の解決にあたり、労働行政のトップの仕事に就いた。

本人の自伝的な覚書き[1]によると、大学の学部時代にウェッブ夫妻の『産業民主制論』（1章を参照）やセリグ・パールマンの『労働運動の理論』を授業で読んでいる。また、大学院ではケインズの『雇用・利子・貨幣の一般理論』を読んで、その後、イギリスにも渡っている。

ダンロップの『労使関係システム論』（一九五八年）[2]は、労使関係論の確立に寄与した金字塔として、古典的著作になっている。たしかに、この本は、「ルールはさまざまな形をとるだろうが、労使関係システムは職場と労働社会のルール――その確立と運営の手続きを含めて――を規定する」[3]とのべ、「システム」や「ルール」というコンセプトを用いて解明している。

その理由の一つは、理論が経験のはるか後方に立ち遅れている[4]とのべている問題意識である。「システム」という言葉を用いたのは、よく指摘されるようにアメリカの社会学者のタルコット・パーソンズの影響もあるが、しかし、それだけではない。イギリスで出版されたフランダースとクレッグ共編著『イギリスにおける労使関係システム』（第2章を参照）への注目もある。事実、ダンロップは、この共編著について多くの箇所で言及している。[5]

また、第六章は炭鉱業、第七章は建設業の労働協約のケーススタディで、しかも、前者は八か国、後者は九か国の国際比較になっているのである。そのため、デイブ・リドン（第4章を参照）は「一つの産業における国際比較の枠組み」[6]になっていると指摘している。この本はイギリスではフランダース、クレッグらの「ルール」という考え方に一定の影響を与えた。

（1） John Dunlop, 'Labor Market and Wage Determination', in Bruce Kaufman (ed.), *How Labor Markets Work*, Lexington Books, 1988, pp. 77.
（2） John Dunlop, *Industrial Relations Systems*, Holt, 1958. 一九九三年に第二版を刊行し、新たに「コメンタリー」を加え、パーソンズのＡＧＩＬ図式の説明などを削除している。
（3） *Ibid.*, p. 16.
（4） *Ibid.*, p. vi.
（5） *Ibid.*, pp. 2, 17, 26, 70, 74, 102, 103, 123, 367.
（6） Dave Lyddon, 'Industrial-Relations Theory and Labor History', *International Labor and Working-Class History*, 46, p. 136.

●コラム⑦

R・ウォルトン、R・マッカーシー『労使交渉の行動理論』

ウェッブ夫妻の『産業民主制論』で、労働組合の三つの方法の一つとして位置づけられた団体交渉だが、その実態を理論的に分析する枠組みは少ない。アメリカ人のリチャード・ウォルトンとロバート・マッカーシー『労使交渉の行動理論——社会的相互行為システムの分析』（一九六五年）は、「特殊には労使交渉、一般的には社会における交渉[1]」を対象にしている。ジョン・ダンロップの『労使関係システム論』（コラム⑥を参照）が「システム」あるいは「制度」に注目していたのにたいして、この二人は「プロセス」に注目したわけである。

この本は労使交渉には四つのサブプロセスがあるとしている。すなわち、①分配交渉、②統合交渉（共益交渉）、③態度構築交渉、④組織内部交渉である。このうち、①は、交渉の一方の当事者が相手の利益と対立する場合で、一方の利益が他方の損失になる場合である。また、②は、問題の解決が双方に利益をもたらしうるものである。この二つを共同の意思決定と呼んでいる。③は、当事者間のより望ましい関係——信頼関係といってよいもの——を作りだすことである。そして、④は労使それぞれの組織内部で合意を達成しようとするプロセスを指す。

アメリカのトーマス・コーカンは、「一九六〇年代における労使関係論のうちで最も重要な著書であり、労使関係論における古典のうちの一つ[2]」と評価している。また、イギリスでも、プルーラリズムのフラダースが「一部だけ切り取るということはできないので、本格的な研究者は本書全体を読むことを強く勧めたい[3]」と書き、さらに、マルクス主義派のジョン・ケリーも「その分析枠組みは労使関係論のどの教科書にも載っている[4]」と賞賛している。マッカーシーは、「交渉というテーマが、これほどまでに広がりを見せ、また私たちのアイデアが他の多くの領域にとっても有意義なものとは思いもしなかった[5]」と回顧している。実は、同書は日本では『ハーバード流交渉術[6]』として知られている本にも大きな影響を与えているのである。

（1） Richard Walton and Robert McKersie, *A Behavioral Theory of Labor Negotiation: An Analysis of a Social Interaction System*. MacGregor Hill, 1965, p. viii.
（2） Richard Walton and Robert McKersie, *A Behavioral Theory of Labor Negotiation: An Analysis of a Social interaction System*, second edn, ILR Press, 1991, p. ix.
（3） Allan Flanders (ed.), *Collective Bargaining*, Penguin, 1969, p. 9.
（4） John Kelly, 'Review', *British Journal of Industrial Relations*, 30-1, 1992, pp. 155-156.
（5） Robert McKersie, *A Field in Flux: Sixty Years of Industrial Relations*, Cornell University Press, 2019, p. 128.
（6） 原書は、Robert Fisher and William Ury, *Getting to Yes*, Houghton, 1981. 日本語版はＴＢＳブリタニカや三笠書房（知的生きかた文庫）から出版され、ロングセラーになっている。

3　ラディカル・プルーラリズムへの転回――アラン・フォックス

この節では、プルーラリズムの研究者であったが、その後、その立場をラディカルに転換していくアラン・フォックス（Alan Fox, 一九二〇～二〇〇二年）を取りあげる。まず、その経歴を紹介しよう。[1]

(1)　人物と著作

労働者から研究者へ

フォックスは、一九二〇年に生まれた。一四歳で学校を出ると、フィルム工場などの低賃金労働に従事した後、第二次大戦に六年間、主にビルマ（ミャンマー）戦線で空軍の偵察機に搭乗し、写真撮影の任務に従事した。

復員後、一九四七年にオックスフォード大学のラスキン・カレッジで学び、翌年エクセター・カレッジに移り、一九五〇年に学位を取得している。同年にオックスフォードのナッフィールド・カレッジの研究生になった。そこでは、すでにクレッグが労使関係の研究を主導していた。一九五七年にオックスフォード大学の研究員になり、一九六三年から産業社会学の講師を務めた。このときに、社会学者のA・H・ハルゼー[2]と親交をもった。そして、一九七九年に退職した。

退職後は、ＮＧＯのオックスファム（Oxfam）の書店でボランティア活動をおこなった。

著作——三つの分野

著作は、大別すると、①労働組合史・労使関係史の分野のもの、②労使関係の理論を扱ったもの、そして③自伝となる。いずれも、日本語への翻訳はない。

まず、労働組合史・労使関係史としては、クレッグを介して労働組合からの依頼で執筆した『全国製靴工組合の歴史』（一九五八年）[3]がある。また、クレッグなどと共同で執筆した『一八八九年以降のイギリス労働組合の歴史』の一八八九年から一九一〇年を扱った第一巻（一九六四年）がある。[4]

フォックスを有名にしたのは、労使関係の理論を扱ったものであった。フランダースやクレッグを取りあげた際に言及したドノバン委員会（一九六五〜六八年）において、リサーチ・ペーパーの『産業社会学と労使関係』（一九六六年）[5]を執筆したことである。

そして、一九七〇年代前半には、『契約を超えて』（一九七四年）[6]や『労務管理の欠陥』（一九七四年）[7]を執筆することで、プルーラリズムからのラディカルな転換をはかることになる。

さらに、大学を退職した後に、イギリスの労使関係の歴史に関する浩瀚な著作『歴史と伝統——イギリス労使関係システムの社会的起源』（一九八五年）[8]も出版した。

フォックスは、クレッグやフランダースとは違って、現実の労働政策に影響を与えることに関心をもたなかったし、労働運動との直接のつながりはなく、純粋に知的な関心をもっていた「一匹狼」と

Pluralism プルーラリズム（多元論）	Radicalism/Marxism ラディカリズム/マルクス主義
・別々の集団	・別々の階級
・別々の利害をもつ ・対立的である	・対立的な利害をもつ ・それは経済的な土台から発生する「必然性」がある
・団体交渉などの「制度」による調整	・労使の力に不均衡があり、使用者にたいする大衆動員などをおこなう ・団体交渉などの制度による調整は最終的な解決にならない ・社会主義への転換を強調
・労使の利害の相違や対立を「異常なこと」とは見ない ・対立の表面化は改善のために「良いこと」ととらえる	・労使の利害の相違や対立を経済的土台から「必然」と見る ・資本主義から社会主義への転換を強調
・労使関係の「制度」を中心に考える傾向をもつ	・労使関係の制度に限定せず、その経済的土台や国家も含めて広く取り扱おうとする傾向をもつ

いえる。

そして、自伝の『晩成』（初版一九九〇年、第二版は二〇〇四年[9]）を書いた。

(2) フォックスの労使関係論の特質

アラン・フォックスは、ウェッブ以降の研究者のなかでは労使関係論における理論を重視した人物の一人である。

三つの労使関係観

ドノバン委員会に提出したリサーチ・ペーパー『産業社会学と労使関係』のなかで、労使関係を見る枠組み（frame of reference）を、①労使を一種の「チーム」と見る労使一元論と、②別々の利害と目的をもった諸集団によって構成され

図表2―3―1　フォックスによる「三つの労使関係観」

	Unitarism 労使一元論
①労働者と使用者の関係	・同一の集団
②労使の利害	・同一の利害関係 ・同一なので相違しない
③利害の調整	・利害が同一なので調整は不要 ・コミュニケーション不足や労働組合による「扇動」が原因
④全体的な特徴	・企業や労使の関係をスポーツの「チーム」や「家族」のようにとらえる ・労使の利害の相違や対立を「異常で悪いこと」ととらえる
⑤労使関係論との関係	・「労」と「使」の相違を認めないため労使関係論に否定的 ・「使」の立場から見た人的資源管理論につながる

（注）Alan Fox, *Industrial Sociology and Industrial Relations*, 1966, pp.2-15; Alan Fox, *Man Mismanagement*, 1974, pp.10-20; Alan Fox, *Beyond Contract: Work, Power and Trust Relations*, 1974, chap. 8. を参考にして浅見和彦が作成。

ると見る労使多元論＝プルーラリズムとに区分した。これによって、イギリス労使関係論において「プルーラリズム（pluralism）」という用語が普及することになった。

のちさらに、③ラディカルな労使関係観（その代表がマルクス主義）を加え、三つに整理した[10]（図表2―3―1）。

フォックスは、プルーラリズムという見方をイギリス労使関係の実態における変化の反映とみなしたのである。つまり、第二次大戦前よりも戦後において団体交渉や労働組合の役割が大きくなった現実を理論やイデオロギーのうえで反映するものであると見たのであり、労使関係におけるイデオロギーの意義に注目し、それを強調したのである。

フォックスによると、このリサーチ・ペーパーは企業から引き合いがあり、かなり売れたということである。この時期の企業経営者のムードにたまたまうまく合ったことが理由であろう、とのべている。[11]

社会学的なアプローチの導入

フォックスは、社会学の立場から、エミール・デュルケムやマックス・ウェーバーの理論の中でラディカルと思える部分を導入しようとした。また、カール・マルクスあるいはマルクス主義との関係では、権力（power）の分析にはその考え方を用いた部分がある。それらを雇用関係・労使関係の理論に取り入れようとして、先述した『契約を超えて』を執筆した。

しかし、マルクスのように労使の対立を利害の構造的な対立として見るよりも、社会学者のデュルケムのように機能的な分化の結果とみなしていた。[12] フォックスの立場は、ものごとの根本的な批判を行う潮流という意味でのラディカリズムではあったが、マルクス主義的なものではなかった。

このように、フォックスが労使関係論におけるプルーラリズムにもたらした顕著な貢献は、その社会学志向であったことである。なぜなら、当時、この分野におけるイギリスの中心的な研究者のあいだでは、社会学は懐疑的に見られていたからである。[13]

他方では、フォックスの思想は、「保守的な反近代主義」で「悲観的保守主義」であるという性格も指摘される。[14]

フランダースとの協力から批判へ

プルーラリズムの内部では、クレッグがフォックスに組合史の執筆を依頼し、フランダースとフォックスは、研究において協力しあう関係があった。

とくに、フランダースとフォックスは、共同論文「団体交渉の改革――ドノバンからデュルケムへ」[15]を執筆した。その副題にフランスの社会学者のデュルケムを用いたことで理解できるように、その学問的立場は社会学であった。

また、フランダースが『フォーレー生産性協約』（一九六四年）を出版するに際しては、フォックスの援助は重要であった。[16]

フランダースがドノバン委員会の報告が提出された一九六八年に、「団体交渉――その理論的分析」という論文を発表していることは、先にのべた。

この論文でフランダースは、ウェッブ夫妻がその『産業民主制論』で定式化した労働組合の三つの方法、すなわち、相互保険、団体交渉、法律制定について再検討を加えている。とりわけ、「ウェッブ夫妻は団体交渉を経済的なプロセスとして取り扱っている」[17]と指摘し、政治的プロセスと捉えるべきであると批判し、「共同規制」とも呼ぶのがふさわしいと提起した。

これにたいしては、フォックスは、ウェッブ夫妻はフランダースがいうような経済主義ではないと指摘し、団体交渉は共通ルールを作り出す、つまり規制と同義であり、ウェッブは規制という概念を労働組合の中心的な機能だと考えていたとのべて、ウェッブを擁護した。[18]

ラディカルな転換――「プルーラリズムは、開明的な経営者の立場にすぎない」

プルーラリズム(労使多元論)の立場にたつフランダース、クレッグ、フォックスの三人は共通点が多いと思われていた。

しかし、労使関係論における主流の立場を確立したプルーラリズムも、一九六八年にドノバン委員会報告を刊行して以降、保守党政権の労使関係法(一九七一年)の制定や労働運動の高揚を背景に、意見の違いが目立つようになった。

とくに一九七〇年代の半ば近くになると、その内部で論争が発生した。

なかでも、フォックスは、一九七三年、プルーラリズム(労使多元論)を、「[労使関係にたいする]開明的な経営者の立場にすぎず、それ以上でもそれ以下でもない[19]」と解釈した。つまり、プルーラリズムは、客観的あるいは学問的な労使関係観ではなくて、福祉国家の下で労働組合が力を持ってきた事実を反映したイデオロギーであり、頭の良い経営者であれば、労働者・労働組合を尊重しなければ、企業経営がうまくいかないことを悟るだろうし、そのような性格にすぎないと指摘したわけである。

また、翌一九七四年、『契約を超えて』や『労務管理の欠陥』などによって、労使関係論におけるプルーラリズムにたいする批判を展開した。[20]

これにたいして、クレッグは反論を展開し、プルーラリズムを擁護した。フォックスの議論にたいして、クレッグは、「プルーラリズムは、不完全さを伴うモラル哲学である」とし、労使関係の「メカニズムは、譲歩と妥協の継続的なプロセスである」と反批判をおこなった[21]。

「マルクス主義者も、現実にはプルーラリストのように行動する」

興味深いことであるが、他方で、フォックスは、共産党員の労働組合役員は現実の行動ではあたかもプルーラリズムの労使関係観を身につけているかのようにふるまうことを指摘している。「現実の場面では、共産党員の労働組合リーダーも、党組織で活動すると同時に、労使関係においてはあたかもプルーラリズムの理論や価値観を受容しているかのような役割を果たしている[22]」。

もっとも、マルクス主義者であっても、労働組合運動における社会主義者の困難はよく自覚されてもいた。労働史のエリック・ホブズボウムは「自然発生的な労働運動は、その社会主義的な精神がたとえあったとしても、かれらの『真の』活動にとって取るに足りない付属物、あるいは政治的な圧力団体にかえてしまい、あたかも資本主義が永遠に続くかのように行動しがちである[23]」とのべていた。

労使関係の国際比較――「信頼」・「裁量」

フォックスは、また、イギリスやアメリカの労使関係は、取引や雇用が市場型であることから生じ

図表2―3―2　フォックスによる「信頼」関係と労使関係

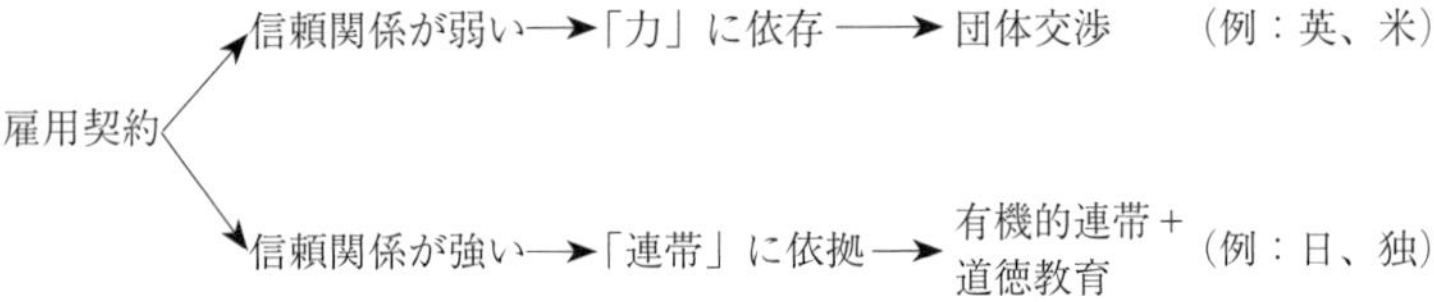

（注）Alan Fox, *Beyond Contract: Work, Power and Trust Relations*, 1974, pp.229-236 を参考にして、浅見和彦が作成。

る、労使間の「信頼」(trust) 関係が低く、労働者の「裁量」(discretion) による判断の余地も少ないとみた。

それにたいして、日本やドイツのように、取引と雇用における長期的な関係が制度化された社会では、労使の制度化された信頼関係が高く、労働者の裁量的な判断に幅があるとみた（図表2―3―2）[24]。そして、こうした「契約を超えた」問題の相違を重視した。

それによって、イギリスの労使関係が抱える問題の国際比較を試みようとしたのである。これは、コールが「労使パートナーシップ」論を提起した問題意識に通じるものがある。

□　□　□

この第2章で取り上げた三人をプルーラリズムの代表者と見ることができるが、それぞれのポジションについていえば、クレッグは労使の対立と協調の双方をバランスさせる中間派であったが、フランダースは対立を軽視し、経営者主導の協調を重視する右派であった。また、クレッグとフランダースが労働党政権の労使関係政策の立案に関与したのにたいして、フォックスは、それに関与せず、雇用関係における労使対立の性格を理論的に強調することでラディカル派へと転換したのである。

先回りをしていうと、第5章で見る、ネオ・プルーラリズムのアッカーズはフランダースを継承し、ステークホルダー論を展開する右派であり、他方、マテリアリズムのエドワズはフォックスの雇用関係の理論をさらに構造的敵対論に発展させたラディカル・プルーラリズムの立場なのである。

次の第3章では、こうしたプルーラリズムの破綻を示す、労働組合への法的規制論を主張したベン・ロバーツと、プルーラリズムがその射程に収めることが弱かった人事労務管理論＝人的資源管理論を展開していくキース・シソンの二人を取りあげることにする。

（1） フォックスの経歴については、Paul Edwards, 'Fox, Alan（1920-）' in M. Warner（ed.）, *The IEBM Handbook of Management Thinking*, Thomson Learning, 1998; A. H. Halsey, 'Fox, Alan（1920-2002）' in *Oxford Dictionary of National Biography*, Oxford University Press, Jan 2006; online edn, Jan 2009; Tony Topham, 'Alan Fox', The Guardian, 6 Aug 2002を参照。また、自伝として、Alan Fox, *A Very Late Development: An Autobiography*, Industrial Relations Research Unit, University of Warwick, 1990.があり、その改訂版がAlan Fox, *A Very Late Development: An Autobiography*, Second and revised edition, British University Industrial Relations Association, 2004である。

（2） ハルゼーには、A. H. Halsey, *A History of Sociology: Science, Literature and Society*, Oxford University Press, 2004などの著書がある。同書の日本語訳（原書の前半の第七章までの抄訳）は、潮木守一訳『イギリ

ス社会学の勃興と凋落――科学と文学のはざまで』(世織書房、二〇一一年)である。二〇一四年没。

(3) Alan Fox, *A History of the Nation Union of Boot and Shoe Operatives, 1874-1957*, Blackwell, 1958.

(4) H. A. Clegg, A. Fox and A. F. Thomson, *A History of British Trade Unions since 1889*, vol. I, 1889-1910, Clarendon Press, 1964.

(5) Alan Fox, *Industrial Sociology and Industrial Relations*, (Royal Commission on Trade Unions and Employers' Associations, Research Paper 3), HMSO, 1966.

(6) Alan Fox, *Beyond Contract: Work, Power and Trust Relations*, Faber and Faber, 1974.

(7) Alan Fox, *Man Mismanagement*, Hutchinson, 1974.

(8) A. Fox, *History and Heritage: The Social Origins of the British Industrial Relations*, George Allen and Unwin, 1985.

(9) Fox, *A Very Late Development* の初版と第二版である。

(10) Fox, *Man and Mismanagement*, pp.15-20.

(11) Fox, *A Very Late Development*, first edn, 1990, p. 231.

(12) Richard. Hyman, *Political Economy of Industrial Relations: Theory and Practice in a Cold Climate*, Macmillan, 1989, p.67.

(13) *Ibid*., p. 70.

(14) Peter Ackers, 'Finding the Future in the Past?', in K. Townsend and A. Wilkinson (eds.), *Research Handbook on the Future of Work and Employment Relations*, Edward Elgar, 2011, pp. 56-58.

(15) Allan Flanders and Alan Fox, 'The Reform of Collective Bargaining: From Donovan to Durkheim', *British Journal of Industrial Relations*, 4-3, 1969.

(16) Fox, *A Very Late Development*, second and revised edn, p. 248.
(17) Flanders, 'Collective Bargaining: A Theoretical Analysis', in *Management and Unions*, p. 224.
(18) Alan. Fox, 'Collective Bargaining, Flanders, and the Webbs', *British Journal of Industrial Relations*, 13-2.
(19) Alan Fox, 'Industrial Relations: A Social Critique of Pluralist Ideology' in J. Child (ed.), *Man and Organization*, George Allen and Unwin, 1973, p. 213.
(20) フォックスは、その自伝で、この二つの著作はフランダースには歓迎されなかったが、二人のあいだの友情を絶やすものではなかったと書いている。Fox, *A Very Late Development*, second and revised edn, pp. 262-263.
(21) H. A. Clegg, 'Pluralism in Industrial Relations', *British Journal of Industrial Relations*, 13-3, November 1975, pp. 309, 316.
(22) Fox, 'Industrial Relations: A Social Critique of Pluralist Ideology ', p. 230.
(23) Eric Hobsbawm, 'Trends in the British Labour Movement since 1850 ', in *Labouring Men: Studies in the History of Labour*, Weidenfeld and Nicolson, 1964, p. 335.
(24) Fox, *Beyond Contract*, pp. 229-236.

●コラム⑧

エミール・デュルケムの労使関係論

アラン・フランダースとアラン・フォックスは、その労使関係論の骨格をフランスの社会学者のエミール・デュルケム（一八五八～一九一七年）の社会理論によって基礎づけようとした。デュルケムは、「行為を規制する共有された価値や道徳的規準を失った状態」を「アノミー」と呼んだ。資本と労働の対立を「強制的な分業」であり、「アノミー的な分業」として見て、その慢性状態ととらえた。そして、社会の再建を〈分業と連帯〉を基軸に構想した。「分業のもたらす経済的発展は、それが作り出す道徳的効果に比べればとるにたらない」「社会の凝集が確保されるのは、分業によってである。少なくとも、とくに分業によってである」とのべた（『社会分業論』青木書店）。

一方、デュルケムは、社会主義を「現在、拡散している経済的な諸機能のすべて、あるいはその一部を、社会の指導的で意識的な中枢部［＝国家］に結びつけることを要求するすべての学説」と定義し、「経済生活それ自身で組織化できること、つまりなんらかの道徳的な権威がその上に立たなくても、規則的かつ調和的に機能することができること」（『社会学講義』みすず書房）を前提にしているとして批判した。また、「社会がその性格を変化させていくときには、ほとんど目に見えないくらい緩慢で継続的変化の道をたどる」のであり、「わずか数年間でつくり変えられてしまうはずがない」と社会主義革命論を批判した。

そのため、デュルケムは、国家と個人の中間にある「職業集団」を重視しながら、「少なくとも両者［労使］の利害がかくも明白に対立している以上…その代表者を別個に選出すべきではないか、要するに選出団体が独立しているべきではないか」（『社会学講義』）と述べた。

つまり、「雇主の組合と雇われている者の組合は、…［当時はまだ］その両者間に定期的な接触はない」し、「両者を結合させる共通の組織が存在しない。だから、相互の関係を固定し、そのいずれにも同じ権威をもって強制しうる規則を、共通に練り上げることができない」ので、「公的制度になることが必要」（『社会分業論』第二版）だと主張した。

そして次のようにいう。「労働協約、賃金配分、産業衛生、女性労働にかかわる一切のことなどの一般原則が、産業に応じて多様に規定される必要があるが、国家にはこのような多様化をなす力がない」とする一方、「この組織全体が、中央機関、つまり国家に結びつけられなければならない」（『社会学講義』）とみた。おそらく、国家と労使関係制度の緊密な連携の下、労使双方の集団が合意する労働協約とその拡張適用を骨格にした労使の「有機的連帯」を築くことを社会主義にたいする対案としたのだろう（図表2―3―3を参照）。

図表2―3―3　デュルケムの職業集団による社会的規制

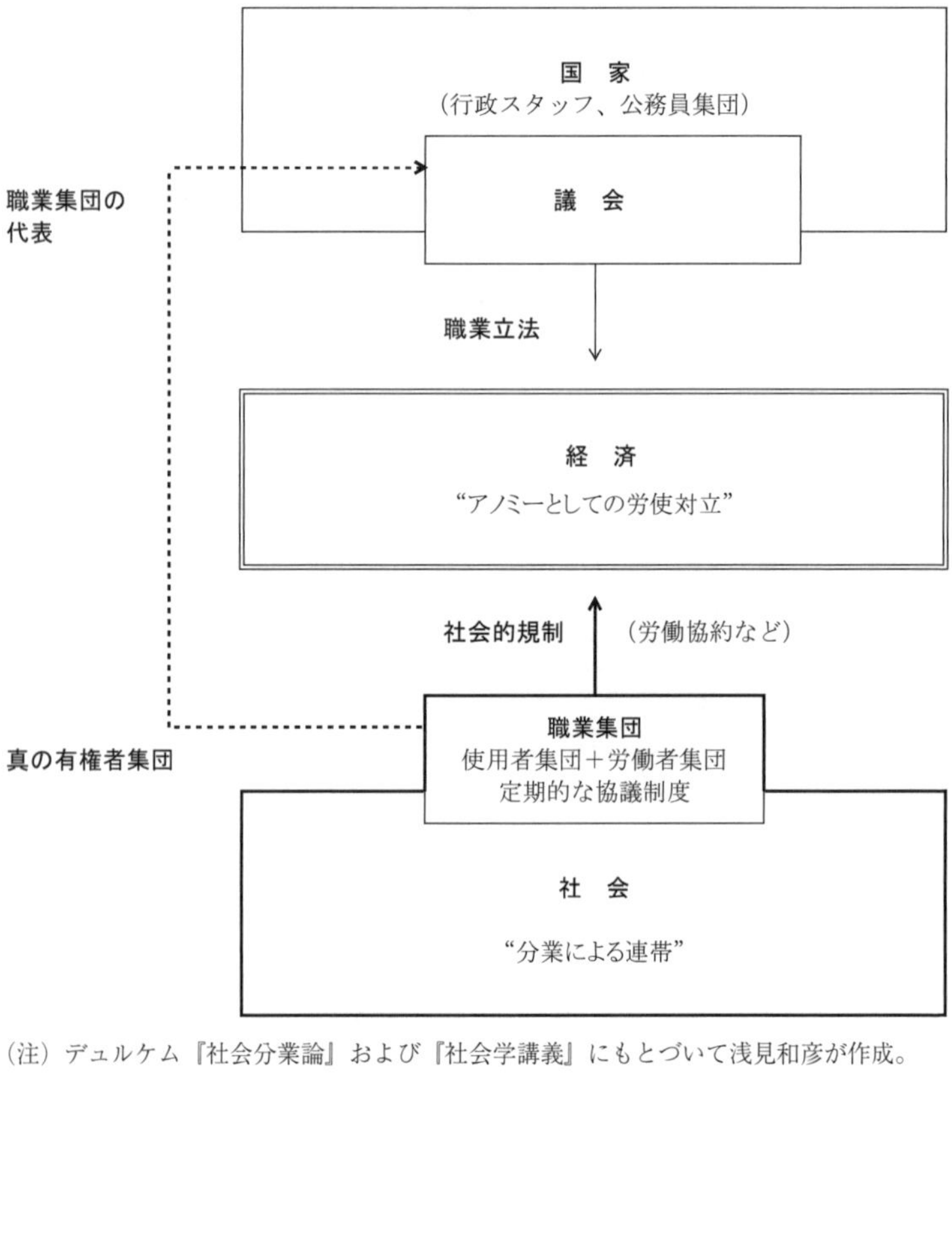

(注) デュルケム『社会分業論』および『社会学講義』にもとづいて浅見和彦が作成。

●コラム⑨

マックス・ウェーバーの労働者・労使関係論

フォックスの労使関係論のなかには、マックス・ウェーバー（一八六四～一九二〇年）の影響が見られる。ウェーバーは、近代の資本主義の一般的な前提として、①あらゆる生産手段の私的な所有、②市場の自由、③合理的な技術と機械化、④合理的な法律、⑤労働者の生産手段からの分離と労働市場の成立、⑥経済の商業化をあげた（『一般経済史要論』岩波書店）。

そして、階級とは、「同一の階級状況にある人間のそれぞれの集団」と定義し、階級状況とは、「1、財貨の調達、2、外面的な生活上の地位、3、内面的な生活、の運命の典型的なチャンス」があることとみた。そして、階級には、財産階級、営利階級、社会階級があるとし、企業者と労働者は「財産や仕事の市場的な利用のチャンスによって規定される」営利階級に属すると考えた（『支配の諸類型』創文社）。

労働契約によって、「労働者は、形式的には、給付を受け取る『権利を与えられた』雇用主の交換相手」になるが、「形式的には自由な契約によって成立したという事情は、もちろん支配関係という概念を排除するものではない」「就業規則や作業命令の形で現れる労働者に対する雇用主の支配という事実を、いささかも変更するものではない」(同前)と強調した。

また、マルクスの『資本論』は、「明らかに、プロレタリアートが、なお階級的な統一性をもっているという問題を扱おうとした」とし、この問題については、「機械そのものについて、あまり長くない期間内に習得される半熟練労働が、『熟練』労働や、ときとしては『不熟練』労働を犠牲として、ますますその重要性を高めつつあるということが、決定的な意味をもっている」(同前)として半熟練労働者を重視し、マルクスを批判した。

そして、「組織された階級行動は、次の場合に最も容易に作り出されうる」として、(a)直接的な利害対立者に対抗して(労働者が企業者に対立するとき、――真の『不労』所得を得ている株主に対する労働者の関係はそうではない…)、(b)類似の階級状況が典型的に大量に存在している場合においてのみ、(c)容易に団結しうる技術的可能性があるとき、とりわけ場所的に密集した労働共同体(職場共同体)において、(d)明瞭な目標――通常はこの階級に所属していない者[知識人=社会主義政党]によって与えられるか、または解釈される――に向かって指導がある場合においてのみ」(同前)だと指摘した。

その一方、「労資同権的パートナーシップ」こそ社会民主党の革命路線への対抗の要である(『社会主義』講談社学術文庫)と説いた。第二次大戦後のドイツの労使関係制度の骨格を見通す発言とみることもできるだろう。

第3章

労使関係論の欠陥
——法的規制論と人的資源管理論の台頭(一九八〇年代)

第3章のポイント

○この章で取り上げる内容は、プルーラリズムの労使関係論の欠陥と深いつながりがある。

○一九七〇年代末の保守党サッチャー政権の成立によって、労使関係政策はそれまでの所得政策や生産性交渉から離れて、労働組合にたいする法的規制へと舵を切った。

○これを一九四〇年代から「予言」していたのが、当初はプルーラリズムの三人と同じ系譜のなかにいながらも、六〇年代半ばまでには袂を分かっていたベン・ロバーツであった。

○一方、プルーラリズムの労使関係論に欠如していたのが人事労務管理論であったが、八〇年代以降、人的資源管理論（ＨＲＭ）の展開と興隆がみられる。

○プルーラリズムでは欠陥のあった労使関係論を拡充し、人的資源管理論を労使関係論へと統合をめざす動きが出てきた。それに着手したのが、キース・シソンであった。

1 労働組合にたいする法的規制論——ベン・ロバーツ

ネオ・プルーラリズムのピーター・アッカーズ（第5章を参照）らは、戦後のプルーラリズムの労使関係論が「法的規制と人事労務管理を軽視する傾向」[1]をもっていたことを批判的に指摘している。そして、この欠陥はプルーラリズムの労使関係論の破綻によって、露呈することになる。

(1) 人物と著作

社会主義前衛グループと労働党の活動家から研究者へ

第2章で見てきたプルーラリズムの三人の学者たちはオックスフォード大学、そしてウォーリック大学を拠点としてきた人物である。しかし、戦後のイギリス労使関係論を確立したのは、この系統だけでなく、ロンドン・スクール・オブ・エコノミクス（LSE）を拠点にした潮流が存在する。その代表者がベン・ロバーツ（Benjamin Charles Roberts, 一九一七〜二〇一一年）[2]である。

ロバーツは、アラン・フランダースを通じて、倫理的社会主義を掲げる社会主義前衛グループ（Socialist Vanguard Group, SVG）に所属していたが、オックスフォード＝ウォーリック大学のグループが、いわゆるボランタリズムの思潮であったのにたいして、労働組合の社会的責任を重視し、それがかなわない場合は国家による法的規制がおこなわれるであろうことを予測した。

一〇代半ば以降、デパートの店員、製図工などを経験し、アラン・フランダースを通じて、倫理的社会主義の団体である社会主義前衛グループ（SVG）に加入（一九四一～四七年）した。第二次大戦の開戦時には、「良心的兵役拒否者」であり、農業に従事した。

一九四五年に労働組合ナショナルセンターである労働組合会議（TUC）の奨学生として、LSEで労働組合研究コース（一年）を受講している。

その後、オックスフォード大学で学位を取得し、その博士論文はのち、『イギリスにおける労働組合の組織運営』として刊行された。

反共産主義の立場から、イギリス共産党系の学生運動に対抗し、大学における労働党系の学生運動の中心的な活動家となった。しかし、次第に労働組合運動と労働党に批判的な見方を強めていき、一九六三年に労働党を離党している。

LSEで一九四九年から講師になり、その後、准教授、教授を務め、一九八四年に退職した。

労使関係学科の創設、研究誌の刊行と国際活動

LSEは、戦後直後から労働者教育協会（WEA）やTUC、運輸一般労働者組合（TGWU）との連携でおこなってきた労働者教育の実績の上に、一九六三年に労使関係学科を創設する。[3] ロバーツはそのために尽力し、学科長の任に就いた（しかし、二〇〇六年に同学科は廃止されて、現在は経営学科に改組されていて、労使関係論は一つのグループの扱いにすぎなくなっている)。

また、同年、イギリスにおける労使関係論の最初の学術誌である『イギリス労使関係雑誌』(*British Journal of Industrial Relations*)を創刊し、この年から一九八九年まで編集責任者を務めた。イギリス労使関係論学会が独自のジャーナルを持たなかったため、この雑誌は学会と緊密な連携をもった(コラム⑰を参照)。

ロバーツは、ウォーリック大学(プルーラリズムとニューレフトのマルクス主義)と並んで、LSEをイギリスにおける労使関係研究の一大センターにする上で貢献した。

ただ、一九六〇年代から七〇年代にかけて、労働党政権の労使関係政策の形成に関与しておらず、その点でプルーラリズムのクレッグやフランダースとは異なる。

また、ロバーツは、国際労使関係協会(IIRA、現在は国際労働・雇用関係協会ILERA)[4]の初代会長(一九六七~七〇年、七〇~七三年)に就任し、国際労働機関(ILO)との協力にも尽力した。

著作——五つの分野

ロバーツの著作は、大別すると、次のような五つの分野のものになる。

第一は、労働組合論である最初の著書(パンフレット)である『新時代の労働組合』[5]は、二九歳の時に出版されている「新時代」というのは、「計画化された資本主義」[6]の意味で、経済の計画化、完全雇用、福祉国家を指す。これは、SVGの同志であるフランダースと同一の思想であることがわかる。また、一九五六年の『イギリスにおける労働組合の組織運営』[7]は博士論文を刊行したもので、『産業民主制論』以降のまとまった組合の組織構造と運営の研究といってよい。もう一つが、『自由社会における労働組合（初版）』[8]と『自由社会における労働組合（第二版）』[9]である。「自由社会」は初版の時は主としてイギリスを指し、第二版のときはイギリスとアメリカ両国を指し、それぞれの国における労働組合とその比較研究になっている。

二つめは、労働組合史の研究で、とくにナショナルセンターであるTUC（労働組合会議）の研究が単著と共著で二冊ある。一つは、『労働組合会議――一八六八〜一九二一年』[10]で、学術的なTUCの通史としては初めて書かれた著作であり、ウェッブのTUCの過小評価にたいする批判的言及が見られる。もう一つがTUC創立一〇〇年の時期に出版されたジョン・ラブルとの共著『労働組合会議小史』[11]である。

三つめは、賃金政策で、イギリス、アメリカ、スウェーデン、オーストラリア、オランダ、ドイツの国際比較である『戦時と平時における全国賃金政策』[12]がある。

四つめは、労使関係の国際比較で、編著ではあるが一九八五年に『ヨーロッパの労使関係――変革の緊要性』[13]を出している。ヨーロッパ労使関係の研究をリードしたリチャード・ハイマンが共編著の『変化するヨーロッパ労使関係』[14]やハイマン自身の『ヨーロッパ労働組合運動』[15]を出版するのは、一九九〇年代後半から二〇〇〇年代初めであることを考えれば、ロバーツの国際比較への関心は極めて早かったといえる。

五つめが、労働者の経営参加論の研究である。LSEの労使関係学科のスタッフとの共著で、ロバーツが監修している、一九七二年の『イギリスにおける労働者の経営参加』[16]がある。

(2) ロバーツの労使関係論の特質

労働組合の「社会的責任」論

ロバーツは戦後当初の『新時代の労働組合』において、完全雇用の下での労働組合の「社会的な責任」を強調していた。[17]「社会的な責任」としてロバーツが考えていたのは——

①生産を増大させる、
②社会全体の福祉を狭いセクショナルな利益の犠牲にしてはならない、
③製品やサービスの需要が変化することに伴う労働力の再配分、
④調整されない団体交渉に依存するのではなく、自主的な全国的賃金政策に同意する、
⑤労働組合員の拡大はクローズド・ショップではなく、組合自身の努力で行う、
⑥労働組合のストライキには、これを制限する条件がある、
——である。[18]

労働組合がこうした条件に合致しなければ、労働組合の地位の見直しが起きると予想した。[19]実践的には、労働組合に賃金自粛を求め、一九五七年の『戦時と平時における全国賃金政策』でもすでにイ

ギリスについて、過去五〇年で熟練労働者と不熟練労働者の賃金格差が半減していて、産業間の格差も一九三九年以降、大幅に縮小していることを指摘し、職務評価による企業内の賃金構造の形成だけでなく、全国的な賃金政策が必要になっているという結論を導き出している。[20] インフレ抑制は労働組合の賃金抑制からというわけである。

ドノバン委員会の改革案よりも先見性をもっていた

また、一九六二年の『自由社会における労働組合』の第二版では、次の点が提起されている。

「団体交渉の構造は、より現場に近づけた協約と工場の問題への関心をもたらすように改革されなければならない」。

「制限的労働慣行は、法的なプロセスで一掃できるわけではない。質の高い管理と建設的な労働組合運動によってのみ解決することができる」。

「労働組合は、ショップ・スチュワードを組合組織にもっと密接に統合することによって、いっそう効果的な統制をおこなうべきである」。「組合のリーダーシップの質の向上が必要性である」。

「組合費は引き上げられるべきであり、組合財政はより効率的に運用されるべきである」（参考までに、近年の労働組合費の国際比較については、図表3―1―1を参照。イギリスとオランダが低く、日本が高いことがわかる）。

プルーラリズムのクレッグやフランダースと問題の認識は共通であり、改革の提案内容はむしろ先

図表3―1―1　労働組合費の国際比較――賃金収入に対する割合（%）

イギリス	0.47%（平均） 0.64%（民間部門の最大労組のUnite） 0.73%（公共部門の最大労組UNISON）
ドイツ	1%（ver.diやIG Metallなど）
フランス	1%（CGT） 0.75%（CFDT）
スペイン	0.7%
オランダ	0.51%
イタリア	0.8%～1%（産業によりさまざまで、パーセンテージではなく、固定額の場合が多い）
スウェーデン	1.3%（公共部門労組のKommunal） 0.7%（民間サービス労組のUNIONEN）
日　本	1.63%（連合加盟単産） 1.5%～1.6%（全労連加盟単産）

（資料）

1）ヨーロッパ諸国については、イギリスの労働問題の情報・調査月刊誌 *Labour Research, November* 2017による。イギリスの平均とオランダは、*Labour Research April* 2004による。

2）日本の連合加盟単産については、連合総研「第10期労働組合費に関する調査報告」2008年、全労連加盟単産については労働総研労働組合研究部会『「単産機能の現状と課題」調査報告書』2014年による。

（作成）浅見和彦

取りしていたという印象である。

さらに、『イギリスにおける労働組合の組織運営』の内容は、TUC加盟の労働組合約三〇〇組織の規約の分析である。ウェッブの『産業民主制論』の第二部の「機能」や第三部の「理論」にあたるものはないけれども、第一部の「構造」の現代版という性格がある。

労働組合の組織も一番基礎にある支部の説明から始まっていて、のちのプルーラリズムの教科書よりも一般の労働者の視点にそっているようにみえる。全国組合ごとに説明されていて、付録には主要組合の組織構造が図解されている。

ただし、『産業民主制論』のような「分析」ではなく、貴重ではあるが「記述」の性格の強い内容ではある。

また、労働組合内部における共産党の活動について特別に注意を払っているのもロバーツらしいところである。[21]

いずれにしても、「労働組合とその社会的・経済的役割に関する確固とした支持者[22]」としての立場で書かれた作品である。

フランダースやクレッグとの離反、ドノバン委員会報告への批判

一九五四年にフランダースやクレッグの共編著で刊行された『イギリスにおける労使関係システム』の執筆に参加できなかったことは、自分が排除されたと感じることになり、かなり気落ちしたようである。また、一九七〇年代のプルーラリズムとマルクス主義の論争（第3章、第4章のクレッグ―ハイマン論争を参照）も「蚊帳の外」の感があり、嫌気がさしていたという。

ロバーツは、すでにのべたように、一九六三年にLSEに労使関係学科を創設し、『イギリス労使関係雑誌』を創刊し、編集の仕事に就いた。さらに、国際労使関係協会IIRAの設立に関与し、初代会長になった。また、かなり早い時期に、イギリス労働組合と労働党を見限っていて、一九六三年には労働党を離党していた。[23]

ドノバン委員会からは証言を求められたものの、一九六八年の報告による勧告を批判した。同委員

会を主導したクレッグやフランダースは経営者に対する期待があったが、ロバーツは政府による介入が必要と判断していたのである。一九六〇年代、七〇年代における政府の所得政策の失敗は、法的規制が避けられなくなっているというロバーツの確信を強めていったであろう。

こうして、ロバーツがオックスフォード学派＝プルーラリズムのフランダース、クレッグとも離反したことは、「イギリスの労使関係研究における重大な分岐点[24]」となったのである。

法的規制とその不可逆性の「予言」が的中

主な労使関係論の学者のなかでは唯一、保守党政権による労働組合への法的な規制——一九七一年労使関係法やサッチャー＝メジャー政権下での労使関係改革——を公然と支持したことになる（サッチャー＝メジャー保守党政権下の労働組合に対する法的規制については、図表3—1—2を参照）。

その論理は、戦後当初からの「労働組合の社会的責任」論の延長にある。労働組合が責任ある行動をとれていない、という点ではフランダースの判断とも一致するが、フランダースは政府の介入を抑え、経営者に期待をしているのに対して、ロバーツは経営者にも期待をしていない。最後は、政府が乗り出す以外に方法はないというのがロバーツの主張である。

ロバーツは、責任ある行動をとらなければ労働組合の法的規制に行きつくと、一九四〇年代から「予言」していて、それが的中した。そして、それだけではなく、サッチャー政権の法的規制の進め方が「ステップ・バイ・ステップ」で実施されていることを指摘して、「政府のイニシアティブによ

図表3—1—2　保守党政権の労働組合にたいする法的規制

○1980年雇用法——争議行為、役員選挙などの秘密投票の勧奨、クローズド・ショップの制限、合法的なピケットの制限、二次的争議行為の免責の撤廃。

○1982年雇用法——クローズド・ショップ協約の5年ごとの秘密投票による承認、免責の対象になる労働争議の制限、免責の制限による政治ストライキの禁止、二次的争議行為の制限強化。

○1984年労働組合法——ストライキ前の秘密投票の導入、議決権をもつ執行委員の直接投票による選出、労働組合の政治活動基金の存続の10年ごとの投票による確認。

○1988年雇用法——組合の統制処分にたいする組合員個人の権利、ストライキを抑制するための組合員個人の権利、クローズド・ショップへの加入拒否による解雇の禁止、委員長・書記長の5年ごとの選挙、執行委員選挙と政治活動基金の投票の際の郵便投票の活用、職場・交渉単位ごとのストライキ前投票。

○1990年雇用法——入職前クローズド・ショップの禁止、非公式争議行為（ストライキ）の免責の撤廃。

○1993年労働組合改革・雇用権法——政治活動基金などの投票の際の第三者機関による監査、労働組合の組織合同の際の投票の全面郵便投票と第三者機関による監査、郵便投票の際の政府の補助金の廃止、専従組合役員の給与などの年次報告、組合員への年次財政報告、使用者による組合員への差別待遇の容認、使用者によるチェックオフの書面による同意の確認、争議行為前の投票の7日以上前の使用者への通告、投票結果の使用者への通告、争議行為の7日以上前の通告。

（注）Doug Pyper, *Trade Union Legislation 1979-2010*, House of Commons Library, 2017を参考にして浅見和彦が作成。

るステップ・バイ・ステップの改革方法は世論の支持によって強化されるであろうし、今後の労働党政権であっても容易に引き戻されることはないであろう[25]」と「予言」していた。

　実際、一九九七年にニューレーバー路線によって政権復帰を果たし、二〇一〇年まで続いた労働党のブレア＝ブラウン政権も、労働市場政策として全国一律賃金制度の導入、一定の条件の下での労働組合承認制度の新設をおこなったものの、保守党政権時代の労働組合に対する法的規制は一本も撤廃しなかった。したがって、ロバーツは、労働組合の法的規制の「不可避性」だけでなく、「不可逆性」をも言い当てたことになるのである。

保守党サッチャー派からは疎遠にされていた

ただし、保守党のシンクタンクや政治家との直接的な結びつきはなかったし[26]、ロバーツが新自由主義的な政策による労働組合への打撃に共感していたかどうかは別の問題である。

むしろ、イギリスの右派組合の電機・電信・配管労働組合（ＥＥＴＰＵ）の書記長のエリック・ハモンドによる日系企業との「シングル・ユニオン協約」（企業内における特定組合との排他的な交渉をおこなう協約）、「シングル・ステータス協約」（工職同一処遇協約）を評価し、労働者のステータスの保障と労使協調主義を育成することに関心を持っていたといえる[27]。

ロバーツが保守党、とくにサッチャー派に重んじられなかったのは、かれが反共産主義の確信からにせよ、強力な労働党の活動家だったキャリアがあること、保守党のシンクタンクの参加者ではなかったこと、またサッチャーが有力な法律家をブレーンとして周囲に集めていたこと、などによるといわれる[28]。

（1） Peter Ackers and Adrian Wilkinson, 'Industrial Relations and the Social Sciences', in Paul Blyton et al., *The SAGE Handbook of Industrial Relations*, SAGE, 2008, p.66.

（2） ベン・ロバーツの経歴については、以下の三つの文献を参照。一つは、ネオ・プルーラリズムのアッカーズが伝記として書いたもので、Peter Ackers, 'Roberts, Benjamin Charles［Ben］（1917-2011）', *Dictionary of National Biography*, Oxford University Press, online edn, 12 December 2018である。二つめはLSEにおける同僚のジェナードの手によるもので、John Gennard, 'Ben Roberts: An Appreciation', *British Journal of Industrial Relations*, 24-1, March 1986である。三つめは、マルクス主義派のジョン・ケリーが主として保守党との関係を論じたもので、John Kelly, 'In from the Cold? Ben Roberts and Conservative Industrial Relations Reform', *Industrial Relations Journal*, 46-2, March 2015である。

（3） B. C. Roberts, 'Affluence and Disruption', in William Robson（ed.）, *Man and the Social Sciences*, George Allena and Unwin, 1972, pp. 256-257.

（4） International Industrial Relations Associationの略称。現在は、International Labour and Employment Relations Associationに改称されている。

（5） Ben Roberts, *Trade Unions in New Era*, International Publishing Company, 1947.

（6） Kelly, 'In from the Cold? ', p. 102.

（7） Ben Roberts, *Trade Union Government and Administration in Great Britain*, Bell, 1956.

（8） Ben Roberts, *Trade Unions in Free Society*, first edn., Institute of Economic Affairs and Hutchinson, 1959.

（9） Ben Roberts, *Trade Unions in Free Society*, second edn., Institute of Economic Affairs and Hutchinson, 1962.

(10) Ben Roberts, *The Trades Union Congress, 1868-1921*, George Allen and Unwin, 1958.

(11) John Lovell and B. C. Roberts, *A Short History of the T.U.C.*, Macmillan, 1968. なお、日本人の研究者によるＴＵＣ史として、富沢賢治『労働と国家——労働組合会議史』岩波書店、一九八〇年がある。

(12) B. C. Roberts, *National Wage Policy in War and Peace*, Allen and Unwin, 1956.

(13) Ben Roberts (ed.), *Industrial Relations in Europe: The Imperatives of Change*, Croom Helm, 1985. なお、ロバーツは、来日の経験も数回あり、法政大学のシンポジウムで「西ドイツ、スウェーデン、イギリス」について報告している。法政大学国際交流センター編『団体交渉と産業民主制』木鐸社、一九七九年、二一〜四六頁。コメントをしたのは、日本のマルクス主義労働運動論の代表者の中林賢二郎であった。同書、五〇〜五四頁。

(14) Anthony Ferner and Richard Hyman, *Changing Industrial Relations in Europe*, Blackwell, 1995.

(15) Richard Hyman, *Understanding European Trade Unionism,: Between Market, Class and Society*, SAGE, 2001.

(16) R. O. Clarke, D. F. Fatchett and B. C. Roberts, *Workers Participation in Management in Britain*, Heinemann, 1972.

(17) Roberts, *Trade Unions in New Era*.

(18) Gennard, 'Ben Roberts: An Appreciation', pp. 3-4.

(19) Roberts, *Trade Union Government and Administration in Great Britain*, p. 36.

(20) Roberts, *National Wage Policy in War and Peace*, pp. 170-172.

(21) Roberts, *Trade Union Government and Administration in Great Britain*, pp. 248-259.

(22) Kelly, 'In from the Cold? ', p. 101.

(23) Ackers, 'Roberts, Benjamin Charles [Ben]（1917-2011）'.

(24) *Ibid.*

(25) Ben Roberts, *Mr Hammond's Cherry Tree: The Morphology of Union Survival*, Institute of Economic Affairs, 1987, p. 15. 一九八〇年代のイギリス労使関係を概観し、当時の労使協調派の代表組合である電機・電子・配管労組（ＥＥＴＰＵ）の書記長エリック・ハモンドについて評価している。ただし、シングルユニオン協約はいわゆるグリーン・フィールド（労働組合がほとんど組織されていない地域）でしか見られないことも指摘している。

(26) Kelly, 'In from the Cold? ', p. 110.

(27) Roberts, *Mr Hammond's Cherry Tree*.

(28) Kelly, 'In from the Cold?', pp. 111-112.

●コラム⑩

ウェッブ夫妻はなぜ労使関係論から離れていったのか――ベン・ロバーツの謎解き

ウェッブ夫妻の『労働組合運動の歴史』と『産業民主制論』は、ともに三〇代という若い時期の傑作である。しかし、その後は、地方自治体やソビエト社会主義へ関心が強まり、著作もその分野のものに急速に変わっていく。また、創設者の割には、ロンドン・スクール・オブ・エコノミクス・アンド・ポリティカル・サイエンス（LSE）には一九六三年まで労使関係の学科はなかった――私には以前から不思議に思えていた。その理由について、ベン・ロバーツ（第3章を参照）が次のような謎解きを示しているのはとても興味深い(1)。

「シドニー・ウェッブとビアトリス・ウェッブは、労働組合とその使用者との関係に関する体系的な研究のパイオニアであった。実際、LSEは一八九四年の『労働組合運動の歴史』の出版――かれらのパートナーシップの最初の成果――と、一八九八年一月の『産業民主制論』の刊行とのあいだの時期に創設された」。「私にとって常々奇妙に思われたのは、ウェッブ夫妻が創設者であるにも関わらず、LSEは第二次大戦後に至るまで労働組合の研究あるいは広く労使関係論の領域について特に重視していなかったことである」。「LSEの初期には、ウェッブ夫妻は社会学の一分野として地方自治体論を講じていたほどである」。

「この時期のＬＳＥに労働問題にたいする関心が欠如していた理由は、まずもってウェッブ夫妻自身に求められるのではないかと思う」。「かれらは、組織労働者に関する大作を完成させた後、地方自治体と社会行政へと関心を急速に変化させた…」。「たしかに、労働組合の役割について関心は継続したし、『労働組合運動の歴史』の改訂版は出したけれども、夫妻は労働組合の社会的な有効性や価値について、ますます確信を失っていったのである」。

「態度がこのように変化したのは、一部は『歴史』や『産業民主制論』にたいする労働組合リーダーたちの敵意をもった受け取り方にあったのだろう。労働組合は、ウェッブがその組合運営や政治活動の稚拙さを冷徹なまでに暴露するやり方に憤慨していたのである。この敵意は、夫妻が大もとのところで労働者の行動の本質的な特徴に共感していないことを本能的に悟ったからであろう」。ビアトリスも一九〇三年の日記でこう書いている。「ＴＵＣの議会委員会は、わたしたちが『産業民主制論』でかれらのおこないを辛辣に批判したことを許してはいない」。

（1） B. C. Roberts, 'Affluence and Disruption', in William Robson (ed.), *Man and the Social Sciences*, George Allen and Unwin, 1972, pp. 247-249. この論文は、ロバーツによるイギリス労使関係論の略史になっている。

2　労使関係管理論から人的資源管理論へ――キース・シソン

プルーラリズムの労使関係論は、法的規制の軽視と同時に、企業のおこなう人事労務管理に関する関心が欠如していて、一九八〇年代における人的資源管理論の興隆への対応が遅れたように見える。しかしながら、一九七〇年代後半からその欠陥を修正する動きが準備されてきていたのだった。その筋道をつけたのが、ヒュー・クレッグであり、実際に人的資源管理論の研究に着手したのがキース・シソンであった。

(1)　人物と著作

使用者団体の労務担当役員から研究者へ

キース・シソン（Keith Sisson, 一九四四年〜）は、一九六八年から七〇年まで、全国紙の使用者団体である新聞発行協会の労務担当役員であった。他の労使関係論の学者と比べると、経歴としては異色である。

一九七〇年代にはウォーリック大学の産業・経営研究コースの講師を務め、その後は一九九〇年代から二〇〇六年までウォーリック大学の労使関係研究所の所長を務めた。現在はウォーリック大学の名誉教授である。

著作——労使関係管理論から人的資源管理論へ

シソンの著作は、いくつかの分野に及んでいるが、書かれた順序によって示せば、次のようになる。最初は、新聞製作・印刷業の労使関係を扱った『フリート・ストリートの労使関係』（一九七五年）[1]である。

相対的に高賃金の産業として注目されていた産業の交渉構造や、「チャペル」と呼ばれる印刷業の労働組合の支部の特殊な役割、賃金構造の複雑さなどを明らかにした。「フリート・ストリートの労使関係の改革は手に負えないほどの課題になっている」とし、実践的で現実的な解決策が求められているのだが、「すでに手遅れになっているかもしれないのは残念至極である」[2]と結んでいた。そのおよそ一〇年後の一九八六〜八七年のウォッピング争議による労使の激突、強硬派の経営者のルパート・マードックによって労働組合側が大敗北を喫することを予言していたともいえる。

二つめの分野は、団体交渉の国際比較で、とくに使用者側から見た労使関係の管理に関する研究の『団体交渉の管理——国際比較』（一九八七年）[3]である。この著作の内容と意義については後述する。

三つめの領域は、人事労務管理論のテキストブックの編集である。『イギリスにおける人事労務管理』（一九八九年）とその第二版である『人事労務管理——イギリスにおける理論と実践の総合ガイド』（一九九四年）である。また、シソンと同様にイギリスの人的資源管理論の研究をリードするジョン・ストーリーとの共著『人的資源管理と労使関係』（一九九三年）とその改訂版にあたる『人的資源管理の実際』（二〇〇〇年）を出している。このように、タイトルを人事労務管理論から人的資源管理論へ変更してきている。

四つめは、人事労務管理論にとどまらず、イギリス労使関係論の全般的な到達点を解明し、その擁護をおこなうための論考である。「労使関係論の再活性化――社会学的転換のフル活用」（二〇〇七年）[4]、「困難を乗り切る――イギリス労使関係論の成熟化」（二〇〇七年）[5]、「誤解をただす――労使関係論と雇用関係」（二〇〇八年）[6]である。

その総括としての労使関係論の定義については、「規制」（regulation）というよりも、複数の当事者による「ガバナンス」（governance）としてとらえ、トップダウンの「ガバメント」（government）ではないという意味で、「雇用関係のガバナンスにかかわる制度、それを作り、運営する人々と組織、およびそれらにかかわるルール作りのプロセス」としている。

そして、五つめの分野の著作として、インターネット上の「教科書」という革新的なアイデアにもとづいて書かれた『雇用関係はなぜ大事か』[7]がある。

(2) シソンの労使関係論の特質

イギリスの労使関係論のばあい、プルーラリズムもマルクス主義も、ともに人事労務管理論を軽視し、そのため、その後の人的資源管理論（Human Resource Management）に台頭の余地を与えた。

人事労務管理論の立ち後れ――その背景と克服の経路

まず、プルーラリズムの側についていえば、次のような事情があった。

「クレッグやフランダースのようなパイオニアたちが人事労務管理論にほとんど関心を示さず、労使関係論の枠組みのなかに十分なかたちでは組み込まれなかった[8]」ことがアカデミズムにおける人事労務管理論の停滞の大きな理由であった。

しかしながら、この問題は認識されなかったわけでもないし、克服のための努力がおこなわれなかったわけでもない。

実は、それに筋道をつけたのが、クレッグ自身であった。

フランダースの死後、クレッグはそれまで自己抑制的であった理論の研究書を刊行している。『団体交渉下の労働組合運動――六か国の比較をもとにした理論』（一九七六年）がそれである。

この本は、「労働組合の行動の体系的な理論が存在しない[9]」ことから、直接には六か国の労働組合運動に関する国際比較研究をおこなったものである。同時に、「団体交渉の下での労働組合の行動の理論は、労働組合運動の一般理論ではない[10]」ことを強調している。

そして、最後に、「使用者団体や企業の管理組織の構造の国際比較ができるような情報もほとんどない。こうした情報の欠如が、本書において、団体交渉下の労働組合運動の理論をさらに前進させることができない一つの理由になっている」[11]と書いていた。

ネオ・プルーラリズムのピーター・アッカーズは、このことがドノバン委員会の提言後の時期における研究課題について、ウォーリック大学における人事労務管理の研究への転換につながった、と見ている[12]。その証拠としてアッカーズが指摘しているのが、使用者団体役員の経験を持つキース・シソンによる人事労務管理の研究の開始である[13]。

また、労使関係論の体系に人事労務管理が統合されていなかったが、それでも、クレッグの一連の労使関係論のテキストブックの一九七九年版で、初めて人事労務管理が独立の章で取り扱われるに至った（図表3―2―1）。遅ればせながら、一九七〇年代後半になって修正が始まったのである。

労使関係管理＝団体交渉の管理の国際比較

シソンは、一九八七年に刊行した『団体交渉の管理――国際比較』で、七か国――イギリスのほか、西ヨーロッパのイタリア、スウェーデン、ドイツ（当時の西ドイツ）、フランス、そしてアメリカと日本――の使用者による団体交渉戦略の比較研究をおこなっている。

その理由について、先行研究では「団体交渉に対する経営側の態度や政策を説明する体系的な試みがない」こと、そして、前述のように、クレッグがその『団体交渉の下での労働組合運動』で指摘していたように、団体交渉における使用者・使用者団体が果たしている役割に関する情報が不足していることを挙げている。クレッグの指摘とシソンの問題意識は符合している[14]。

1979年版[5]	1983年版[6]	1995年版[7]
序	労働組合の拡大	雇用関係
職場委員と職場交渉	労働組合	イギリス労使関係の歴史的展開
使用者と工場外団体交渉の構造	職場委員の発展と経営側の政策	経済と労働市場の構造
管理者と管理技法	使用者団体	経営者―システム、構造、戦略
労働組合	民間部門の労使関係	経営者―賃金決定と団体交渉
交渉プロセス	公共部門の労使関係	労働組合―拡大、構造、政策
ストライキと他の争議行為	賃金協議会、未組織労働者、低賃金労働者	労働組合―職場委員と職場
労使関係における国家	集団的争議行為のパターン	国家―経済運営と所得政策
所得政策	失業	国家―労働法と労使関係
労働法	賃金構造	国家―公共部門
理論と定義	企業と労働市場	個人主義と集団主義の理論と実際
	労働市場における差別	労働慣行―労働の構造
	積極的労働力政策	労使関係と生産性
	集団的労働法	ストライキと労使紛争
	個別的労働法	機会均等
	所得政策と反インフレ政策	民営化と市場化
		教育訓練
		低賃金労働者と未組織労働者
		小企業における労使関係
		結語―市場と経営者

4. H. A. Clegg, *The System of Industial Relations in Great Britain*, 1976.
5. H. A. Clegg, *The Changing System of Industrial Relations in Great Britain*, Basil Blackwell, 1979.
6. G. S. Bain (ed.), *Industrial Relations in Britain*, Basil Blackwell, 1983.
7. P.Edwards (ed.), *Industrial Relations: Theory and Practice*, Blackwell, 1995.

図表３―２―１　労使関係論の教科書における構成の変化――1954～1995年

1954年版[1]	1970年版[2]／1972年版[3]	1976年版[4]
社会的背景	職場集団と職場委員	職場集団と職場委員
法的枠組み	労働組合の構造	労働組合の構造
労働組合	労働組合の運営	労働組合の運営
使用者	使用者団体	使用者団体
団体交渉	企業経営者	企業経営者
労使協議	産業別交渉	産業別交渉
	企業内交渉	企業内交渉
	ストライキ	ストライキ
	労使関係における国家	労使関係における国家
	労働組合会議とイギリス産業連盟	労働組合会議とイギリス産業連盟
	所得政策	所得政策
	団体交渉の改革	イギリス労使関係の危機

（注）下記の教科書にもとづいて、浅見和彦が作成。

1. A. Flanders and H. A. Clegg (eds.), *The System of Industrial Relations in Great Britain: Its History, Law and Institutions*, Basil Blackwell, 1954.
2. H. A. Clegg, *The System of Industial Relations in Great Britain*, 1970.
3. H. A. Clegg, *The System of Industial Relations in Great Britain*, 1972.

図表3—2—2　金属・機械工業における労働組合と労働協約の特徴

国	イギリス	ドイツ、フランス、イタリア	アメリカ、日本
労働組合	クラフトユニオンが定着。のち一般組合が拡大	産業別組合（あるいはクラフトユニオン）	企業別組合
	職場と地域の労働市場の両方で確立	企業外の地域の労働市場で一定の影響力	個別使用者との交渉
労働協約	手続き協約を重視	実質協約が中心	企業別協約
	職場での交渉の余地の大きいもの	職場での交渉の余地の少ないもの	団体交渉ではなく、労使協議が中心

（注）Keith Sisson, *The Management of Collective Bargaining: International Comparison*, Basil Blackwell, 1987 を参考に、浅見和彦が作成。

シソンは、この『団体交渉の管理』において、主として金属・機械工業を念頭においた国際比較によって得られた知見を次のように整理している（図表3—2—2を参照）。

最初に、労働組合側からの視点でいえば、こうなる。

アメリカのニューディール期の一九三〇年代、第二次大戦後の一九四〇年代の日本に労働組合運動が興隆するときにはすでに大企業が出現しているので、イギリスとの相違は顕著であるが、同じヨーロッパであっても、イギリスと大陸ヨーロッパ諸国のドイツ、フランス、イタリアとの比較が興味深いところだろう。

労働組合は、イギリスでは、クラフト・ユニオンが先行して強固に定着し、中小企業だけでなく、大企業の職場にも進出した。そのため、「職場」と「地域」（職種別や産業別の「地域」という意味になる）の双方に影響力をもった。「地域」の労働市場で労働組合と使用者の団体が交渉するが、労働協約は団体間の関係をルールづける手続き協約が重視される。いわゆる「紳士協定」の性格が強いということとの理由である。企業横断的な協約では賃金・労働諸条件を規定する実質的な協約の性格が弱いため、そして、何よりもクラフト・ユニオンが職場に確立しているため、賃金などの職場での交渉の余地の大きい労使関係が形成された。

他方、大陸ヨーロッパ諸国では、クラフト・ユニオンはイギリスのように大企業の職場まで浸透することはできなかった。言い換えれば、中小企業の企業外の地域の労働市場で一定の影響力をもったにすぎなかった。そのため、企業横断的な労働協約で実質的な賃金などを交渉、決定するため、職場での交渉の余地は少ない協約となったのである。

しかし、こうした労働組合側からの整理だけでは不十分なのである。

なぜなら、「使用者が団体交渉に携わる上での大きな動機になっているのは市場規制というよりも、管理統制を維持したいという願望であった[15]」からである。「要するに、団体交渉の構造は、ルール作りへの労働組合の参加の性格や程度を限定するコントロールの仕組みとして、使用者側の視点からみるのが最も適切なのである[16]」。こういうとだいぶネガティブに聞こえるかもしれないが、「団体交渉の構造は、使用者と労働組合などの行動に影響を与えるという点できわめて重要」であり、労使の「歴史的妥協に深く根ざしているのである[17]」。

人的資源管理論をめぐる諸潮流の議論

シソンは、こうした使用者・使用者団体による団体交渉の管理=労使関係管理の研究を経て、研究の焦点を労使関係管理から企業による人的資源管理論へ移行させていった。また、シソンが編集するテキストブックのタイトルも、人事労務管理論から、人的資源管理論へ移っていった。

労使関係論の諸潮流のあいだでは、この人的資源管理論の興隆をどのように捉えたのであろうか。シソン自身は、人的資源管理論が労使関係論の一部として統合されてきている状況について、「イギリスにおける労使関係の研究はきわめて健全な状態にあり、過去数十年と比べてそうである[18]」とのべている。

ネオ・プルーラリズムのピーター・アッカーズ（第5章を参照）は、「〔それまでに業績をあげてきた〕主要な労使関係論の研究者が人的資源管理論のポストや影響力のある重要な立場に就いた」にもかかわらず、「労使関係論の研究者にたいする人的資源管理論の脅威が誇張されていた」と指摘している。「人的資源管理論が、労働組合の衰退や、労使関係論の側の人事労務管理の問題への関心の欠如によって生み出された空白を埋めた[19]」という事情があったからである。

一方、マルクス主義の側では、ラルフ・ダーリントンが「多くの点で、人的資源管理論の側からの労使関係論に対する脅威がいくぶん誇張されていたのは明らかであるように思う[20]」とのべている。

一方、ジョン・ケリー（第4章を参照）は、人的資源管理論は「使用者と国家の経済的・政治的優先課題」を反映したものであり、そうした「学問研究は特定の階級の利益への従属」であると非難している。

これにたいして、マテリアリズムのポール・エドワズ（第5章を参照）は、ケリーに対して、「〔人的資源管理によって労働者側の」同意を作り出さなければならないという使用者側の問題に論及することは、「ケリーが主張するような」学問的な課題として使用者側の立場に立つことになるといえるのか、その理由が明確ではない」と批判している。

なお、日本においては、「フランダースはイギリスにおける労使関係論の代表的学者」であったが、「その後進んだのは、学問分野としての『労使関係論』自体の地盤沈下であり、それに変わって『人的資源管理論』という学問分野が脚光を浴びる」[21]という評価がなされているが、それはここでのべたような経緯とイギリスの学界での議論を知る必要があるだろう。

イギリス企業の人的資源管理の実状

それでは、イギリスの企業における人事労務管理ないし人的資源管理の実際はどうなっているのだろうか。シソン自身が書いていることや、シソンとともに人的資源管理論の中心になっているジョン・ストーリーの研究、また二人の共同での研究によって概略を描けば、次のようになるだろう。

二人は、一九九〇年に共同論文を執筆して、イギリスにおいて人的資源管理への大きな転換が生じにくく、それを限界づける構造的な問題があることを指摘し、四点をあげていた。一つは、経営管理にあたる人材の教育・訓練の遅れや水準の問題である。二つめは、経営戦略が古く時代遅れであることである。そして、三つめは、短期的な視野にもとづく経営の問題である。最後が、「金融と産業の分離」の問題で、他の先進国に見られない特殊性を指摘していた。[22]

その後、一九九〇年代から二〇〇〇年代初頭までの状況はどうか。「継続」なのか「変化」なのかでいうと、「変化」説は、たとえば日系企業の東芝や日産のような例外的なケースを根拠にして主張されることが多く、また、「継続」説は大量観察調査で指摘されやすいといわれてきた。しかし、ジョン・ストーリーがおこなった一九九〇年代初頭における一四の民間大企業（自動車、化学、鉄道など）と一つの地方自治体を対象に実施した調査・研究でも大きな変化は確認されなかったし、労働組合攻撃を伴うということも見られなかった。[23]

また、「業績主義管理」は、どの程度の企業で実施されているのだろうか。まず、その定義というのは、①「チーム・ワーキング」、②個別的な教育訓練・能力開発、③評価・報酬制度とむすびついた人事労務管理を指すが、ごく一部の企業でおこなわれているにすぎない。一九九八年の「職場雇用関係調査」[24]では一三％である。また、「チーム・ワーキング」「職務転換を可能にする教育・訓練」「小集団活動」の三つを合わせて用いている場合の「業績主義管理」を実践している職場は、一九九八年の二二％から二〇〇四年の二九％へ若干増えたにすぎない。

イギリスの経営者は人的資源管理の面で、一部の専門家が指摘するように「戦略的なアクター」というわけではない。「職場雇用関係調査」によると、事業所が複数ある大企業の五分の三に人事労務担当役員がいるが、すべての企業というわけではない。人事管理の専門的な担当者の職名は、「人事管理者」（personnel manager）よりも「人的資源管理者」（human resource manager）のほうが増えているというが、そうした管理者がいる職場は四分の一ほどしかない。[25]

労働組合の組織的な後退や交渉力の衰退が、ただちに使用者による人事労務管理の拡大・強化にストレートにつながっているわけではないし、むしろ、使用者側の管理リソースの不足は労働組合との協調を模索するという条件にもなる。

シソンとストーリーの共同論文で指摘されていることに通じるが、「過去に試みられたイギリスの労使関係『改革』は、［保守党政権のように］法的な手段による追求の場合も、あるいは［ドノバン委員会の提案のように］説得とボランタリーな手段の場合であっても、いずれも、行き詰まってしまった」[26]。ここ二〇年ほどの人的資源管理の実状に関する研究を十分に検討できていないが、人的資源管理を大きく進展させることを限界づける構造の問題が依然大きくは変化していないようにみえるし、その上に展開される人的資源管理の技法も十分進展し定着したものにはなっていないように思える。

□　□　□

次の第5章は、一九七〇年代と九〇年代との二つの時期におけるマルクス主義派の労使関係論の展開を見ていくことになる。

（1）　Keith Sisson, *Industrial Relations in Fleet Street*, Basil Blackwell, 1975.

（2）　*Ibid.*, p. 174.

(3) Keith Sisson, *The Management of Collective Bargaining: An International Comparison*, Basil Blackwell, 1987.

(4) Keith Sisson, *Revitalising Industrial Relations: Making the Most of the Institutional Turn*, Warwick Papers in Industrial Relations, 2007.

(5) Keith Sisson, *Weathering the Storm: The Maturing of British Industrial Relations*, Warwick Paper in Industrial Relations, 2007.

(6) Keith Sisson, *Putting the Record Straight: Industrial Relations and the Employment Relationship*, Warwick Paper in Industrial Relations, 2008.

(7) Keith Sisson, *Employment Relations Matters*, 2010. ジョン・ケリー（第4章を参照）による「書評」として，John Kelly, 'Employment Relations Matters by Keith Sisson', *Work, Employment & Society*, 25-4, 2011を参照。

(8) Peter Ackers and Adrian Wilkinson, 'Introduction: The British Industrial Relations—Formation, Breakdown, and Salvage', in Peter Ackers and Adrian Wilkinson (eds.), *Understanding Work and Employment: Industrial Relations in Transition*, Oxford University Press, 2003, p. 14.

(9) Hugh Clegg, *Trade Unionism under Collective Bargaining: A Theory on based on Comparison of Six Countries*, Basil Blackwell, 1976, p. 1.

(10) *Ibid*., p. 4.

(11) *Ibid*., p.119.

(12) Peter Ackers, 'Between the Devil and the Deep Blue Sea: Global IR History, the British Tradition, and the European Renaissance', *Comparative Labor Law & Policy Journal*, 27-1, 2005.

(13) アッカーズは、これは推測ではなく、シソンへのインタビューにもとづくものであることを注記している。*Ibid.*, p. 102n7.

(14) シソンは、このクレッグの著書に関するレビュー論文を書いている。Keith Sisson, 'In Praise of Collective Bargaining: The Enduring Significance of Hugh Clegg's Trade Unionism under Collective Bargaining', *Historical Studies in Industrial Relations*, 36, 2015.

(15) Sisson, *The Management of Collective Bargaining*, pp. 189-190.

(16) *Ibid.*, p. 190.

(17) *Ibid.*, p. 191.

(18) Keith Sisson, 'Responding Mike Emmott: What Industrial Relations Suggests Should Be at the Heart of Employee Relations', University of Warwick, 2006, p.3.

(19) Ackers and Wilkinson, 'Introduction: The British Industrial Relations', p. 15.

(20) Ralph Darlington, 'Some of the Challenges Facing the Academic Industrial Relations', in Ralph Darlington (ed.), *What's the Point of Industrial Relations?: In Defence of Critical Social Science*, British University Industrial Relations Associations, 2009, p. 9.

(21) 濱口桂一郎・海老原嗣生『働き方改革の世界史』ちくま新書、二〇二〇年、一三四頁。

(22) John Storey and Keith Sisson, 'Limits to Transformation: Human Resource Management in the British Context', *Industrial Relations Journal*, 21-1, 1990.

(23) John Storey, *Developments in the Management of Human Resources: An Analytical Review*, Blackwell, 1992.

(24) Workplace Employment Relations Survey のこと。これまで一九八〇年、一九八四年、一九九〇年、

一九九八年、二〇〇四年、二〇一一年の六回実施されている。
(25) Keith Sisson, *Employment Relations Matters*, chap.8 による。
(26) Storey, *Developments in the Management of Human Resources*, p.278.

●コラム⑪

「仕事」基準と「人」基準――M・アームストロングの解説

近年、日本で議論されるようになっている、「仕事」基準と「人」基準について、イギリスではどのように説明されているのかだろうか。

マイケル・アームストロング（一九二八年〜）という著名な人事コンサルタントで、多数の著書を持つ人物がいる。日本でいえば、さしずめ楠田丘というところだろうか。アームストロングが同僚との共著で出版した『職務評価ハンドブック』（一九九五年）[1]という本には、次のように書いてある。

まず、「仕事」と「人」との関係について、「職務評価は、究極的には、人がおこなう仕事について、いくら支払われるべきかについて決定することであり、人が仕事をどれだけうまくやっているかについてではない」と原則を説明する。

そして、「正式の職務評価」について、「一つの組織［＝企業や役所など］のなかで職務のあいだの相対的な価値を明確にする体系的なプロセスのことである」と定義している。

ただし、実態はどうかというと、「多くの組織は、職務評価の正式のシステムをもっていない。もっぱら、企業が求めている人を引きつけ、とどまってもらうために支払うべき市場のレートにつよく影響されがちな経営側の判断によっている」という。

他方、「正式の職務評価の方法は、［労働組合が組織されてきた］製造業ではあまり利用されない傾向がある。とくに、賃金率が［労使のあいだで］交渉される場合はそうである」。

近年は、「『職務を評価するのであって、人を評価するのではない』という古いドグマは、もはや今日では重要ではない」という企業も増えてきている。「職務と同様に人を評価する必要をますます強調するようになっている（ただし、それは職務にかわって［人を評価するの］ではない。なぜなら両方は切り離せないならである」。「コンピテンスにもとづいた職務評価は、これから増えていくだろうが、職務評価の伝統的な形態に完全にとってかわるというよりも、それを拡充させるという傾向を強めることになるだろう」との見通しをのべている。

そして、「たしかに、職務評価は、体系的であり、主観性を減少させることができるけれども、人間の判断によるものであるから、科学というよりは技法であって、全面的に客観的であることは、これからもないであろう」と釘を刺している。

こうしたアームストロングの解説は、すでに四半世紀前のものである。

（1） Michael Armstrong and Angela Baron, *The Job Evaluation Handbook*, Charted Institute of Personnel and Development, 1995, pp. 2, 3, 4, 13, 17, 310.

第4章

労使関係論の刷新Ⅰ
——マルクス主義派の挑戦と分岐（一九七〇年代と九〇年代）

第4章のポイント

○一九七〇年代には、労働運動の高揚とプルーラリズムの理論・政策の破綻のなかで、フランダースに代表されるプルーラリズムの理論を攻勢的に批判するニューレフト（新左翼）のマルクス主義派の代表者、リチャード・ハイマンが登場する。

○一九九〇年代は、新自由主義による労働組合運動の後退の後に、資源動員論というアメリカの社会学者の社会運動論を導入することで労働運動の再建を果たし、労使関係論の再活性化を図ろうとしたのが、正統派マルクス主義の系譜にあるジョン・ケリーである。

○また、ウェッブ夫妻とプルーラリズムの理論家であるフランダースの業績を積極的に評価した上で、それらをマルクス主義にもとづいた労働史研究を結合することで労使関係論の再興を図ろうとするのがデイブ・リドンである。

○ハイマンは、九〇年代後半以降は、「マルクスは必要ではあるが、マルクスだけでは不十分である」として、マルクス主義から制度派へ接近していくことになる。

1　ニューレフト・マルクス主義から制度派へ――リチャード・ハイマン

第2章で取り上げたプルーラリズムの労使関係論の学者たちは一九五〇年代半ばから一九六〇年代の主流派であった。しかし、とくに一九七三年前後から、その主流派内部においてアラン・フォックスがラディカルな方向への転換をおこなった。

同時に、労働組合運動の高揚を背景に、プルーラリズムの外側からこれに挑戦する理論的な潮流が登場する。マルクス主義の潮流である。その代表者が、ニューレフトのリチャード・ハイマンであった。

(1)　人物と著作

インターナショナル・ソシアリスツの時期

リチャード・ハイマン（Richard Hyman, 一九四三年〜）は、一九四二年生まれで、ウォーリック大学の研究員になった後、一九六九年から同大学の講師、准教授、教授を務め、二〇〇〇年にはロンドン・スクール・オブ・エコノミックス（ＬＳＥ）の教授に転じ、二〇〇九年に同大学の名誉教授になった。

ハイマンは、二〇代から三〇代半ばまで（一九六四～七六年）、トニー・クリフ（一九一七～二〇〇〇年）をリーダーとして、いわゆる「ソ連＝国家資本主義」論[1]を唱える社会主義団体であり、トロツキスト組織であるインターナショナル・ソシアリスツ（International Socialists, ＩＳ）に所属していた経験をもっている。[2]

そのため、学問的な研究を労働運動の実践とも結びつけようとしていた。職場委員の職場交渉で大きな役割を果たした『使用者の攻勢――生産性協約とどうたたかうか』（一九七〇年）[3]はトニー・クリフの名前で刊行されたが、ハイマン（筆名Bernard Ross, バーナード・ロス）も執筆に参加していた。ハイマンが一九七六年にインターナショナル・ソシアリスツ（ＩＳ）を離脱した理由は、知識人や学生が有力な構成員であり、組織的にも緩やかな性格であったグループがクリフの指導の下、一九七七年に社会主義労働者党（Socialist Workers Party, ＳＷＰ）というレーニン主義的な政党へ転換する方針を固めたためであった。ハイマンは、インターナショナル・ソシアリスツ（ＩＳ）を脱退したあと、一時、国際社会主義同盟（International Socialist Alliance, 一九七八～七九年）と連携していたが、この組織が解散してからは組織的な政治活動を止めている。

労使関係論の学者には、社会主義労働者党のメンバーが多い

ハイマン以外でも、インターナショナル・ソシアリスツ（ＩＳ）やその後継の社会主義労働者党（ＳＷＰ）のメンバー、あるいは、かつてのメンバーで大学の労使関係論や労働史研究の教員となった人物は多い[4]。

スティーブ・ジェフェリーズ（Steve Jefferys）はＩＳの専従の労働組合対策部長として活躍したが[5]、クリフと対立して離脱し、のちロンドン・メトロポリタン大学教授になった。リバプール大学のアラン・キャンベル（Alan Campbell）、ミドルセックス大学のジョン・マッキロイ（John McIlroy）やリチャード・クラウチャー（Richard Croucher）、グラスゴー大学のグレガー・ゴール（Gregor Gall）、ウォーリック大学の労働史のジェームズ・ヒントン（James Hinton）といった錚々たるメンバーがいた。

現在も社会主義労働者党のメンバーであるのは、第４章で扱うキール大学のデイブ・リドン（Dave Lyddon）や、サフォード大学のラルフ・ダーリントン（Ralph Darlington）、制度派へ移行したハイマンへの批判の急先鋒であるウエスト・オブ・イングランド大学のグラハム・テイラー（Graham Taylor）やミドルセックス大学のマーチン・アップチャーチ（Martin Upchurch）である。若い世代では、レスター大学の労働社会学のジョセフ・クーナラ（Joseph Choonara）もメンバーであり、ＳＷＰ中央委員を務めている。

著作の五つの領域

ハイマンの著書は、①労働組合運動の理論、とくに社会学的な分析、②労働組合の歴史的な研究、③労使関係の実態調査、④労使関係論の理論、概説書、論集、⑤労働組合・労使関係の国際比較という五つの領域にわたっているといえる。

まず、労働組合運動の理論としては、かれの研究歴の初期に、マルクス、エンゲルスの「楽観論」と、レーニン、ミヘルス、トロツキーというマルクス主義の古典的な著作家の労働組合論を「悲観論」として分類し、また現代社会学、とりわけアメリカの社会学の理論家の労働組合論も扱った『マルクス主義と労働組合運動の社会学』（一九七一年）[6]がある。また、「労使関係、とくに労使紛争の社会学的な理解」を目的とした『ストライキ』は、一九七二年の初版から一九八九年の第四版まで刊行され、ロングセラーになっている。[7]これは、ハイマンが大学で産業社会学の担当教員として出発したことと関わりが深いということができるだろう。

二つめの労働組合の歴史研究としては、一八九八年に結成され、第一次大戦中に爆発的に拡大して、戦後、イギリス最大の労働組合に成長し、一九二二年結成の運輸・一般労働組合（ＴＧＷＵ）と一九二九年に組織合同した労働者組合という名称の労働組合の歴史を対象とした『労働者組合』（一九七一年）[8]がある。これはハイマンの博士論文の要約版である。この著書は一つの労働組合の実証的な歴史研究でありながら、その結章は社会学の理論的な議論が展開されていて、マルクス主義派のデイブ・リドン（第4章を参照）から「学問的傑作」[9]という評価を得ている。

三つめは、労使関係の実態の実証的・経験的な調査としては、機械工業における紛争処理を扱った『争議手続きの実状』（一九七一年）[10]がある。

四つめは、労使関係の実態の理論的な分析である。労使関係論のテキストブックの『労使関係論

——マルクス主義的概説』（一九七五年）[11]がある。ネオ・プルーラリズムを唱えるピーター・アッカーズ（第5章を参照）は一九八〇年代に大学院生であったが、当時、院生のあいだでのこのテキストブックは「注目の的」[12]であったと証言している。これがイギリス労働運動の高揚期に書かれているのにたいして、『労使関係の政治経済学——逆風のなかでの理論と実践』（一九八九年）[13]は、一九七九年の保守党サッチャー政権以後の運動の後退期における論文をまとめたものである。また、労使関係における不平等の正当化をはかるイデオロギーの解明としての『社会的価値観と労使関係——公正と平等の研究』（共著、一九七五年）[14]がある。

五つめの労働組合・労使関係の国際比較では、イギリス、ドイツ、イタリアの三か国の研究である『ヨーロッパ労働組合運動——市場・階級・社会のあいだで』（二〇〇一年）[15]がある。

ハイマンの著作は、一部の論文[16]を除けば、日本語に翻訳されていない。

(2) ハイマンの労使関係論の特質

「労働関係のプロセスをめぐるコントロールの研究」

ハイマンは、労使関係論を、その範囲のなかにプルーラリズムの研究者がいう労働規制（job regulation）を含んでいるが、それよりももっと範囲の広い「労働関係のプロセスをめぐるコントロールの研究」[17]と定義して、「労使関係の政治経済学」[18]を提唱した。

ハイマンは一九七五年の著書『労使関係論』のなかで、プルーラリズムの立場のフランダースの労使関係論の定義である「労働規制の制度の研究」[19]を批判した。

ハイマンの言葉で表現すると、「資本主義的な生産の矛盾に満ちたダイナミクス、労働市場と労働過程の内部における物質的利害の敵対的な構造、そして労使関係の秩序と安定を企図した制度や手続きの内部で継続して発生する紛争や不安定」[20]を重視すべきだと主張したのである。

ハイマンの批判にたいして、プルーラリズムの立場のクレッグは——このとき、すでに亡くなっていたフランダースに代わって——「労働規制の研究者は、制度もプロセスも研究しなければならない」「したがって、フランダースの定義を『労働規制』［の研究］という言葉に縮めても、なにも失うことにはならない」[21]と反論したのである。

プルーラリズムにたいする内在的批判

労使関係論における主流の立場を確立した制度派としてのプルーラリズムも、一九六〇年代後半から一九七〇年代における労働運動の高揚とその内部における左派の前進を背景に、一九七〇年代の半ば前後になると、プルーラリズム内部で論争が発生し、他方で、アカデミズム内におけるマルクス主義による批判を引き起こした。

この当時、マルクス主義の立場から労使関係論を確立しようとしていたのがハイマンであった。

ハイマンは、マルクス主義の立場から、フランダースの労使関係論の定義——「労働規制の制度の研究」——を批判した。労使関係論を、その範囲のなかに労働規制を含んでいるが、それよりももっと幅の広い「労働関係のプロセスをめぐるコントロールの研究（the study of control over the processes of work relations）」[22]と定義して、「労使関係の政治経済学[23]」を主唱したのである。

ハイマンは、次の三つの点で、プルーラリズムの立場のフランダースの労使関係論の定義である「労働規制の制度の研究」を批判したのであった。

一つは、フランダースが労使関係を「仕事をあらわす雇用契約（ないし雇傭契約）に表現されるか、あるいはそれから生じるもの」としたのにたいし、それよりも広範囲の「労働関係」（work relations）を視野に収めるべきだとした（ただし、「労働関係」がなにをどこまで指すのかは明確ではない）。

また、二つめは、フランダースのいう「労働規制」に関して、「規制は、ルールによるコントロールであり、産業における多くの形態のコントロールのうちの一つにすぎない」とし、「規制」以外の広い範囲の「コントロール」を対象にすることを主張した（ここでも、「コントロール」がなにをどこまで指すのかは不明ではあるが）。

そして、三つめは、フランダースが「労働規制の制度の研究」と定義したことにかかわって、「制度」だけではなく「プロセス」を重視すべきだと強調した。

クレッグからの反論

ハイマンの批判にたいして、クレッグは――すでに亡くなっていたフランダースに代わって――次のように反論した[24]（クレッグは、オックスフォード大学におけるハイマンの指導教授であった）。

一つめの批判にたいしては、「労働関係」が「仕事」よりも幅広いことを認めるが、「労使関係の中心にあるのは雇用関係である。したがって、『仕事』は『労働関係』という曖昧な言葉よりも定義にずっと正確さを与えることになる」から、そのような言い換えはかえって定義をあいまいにすると批判した。

二つめには、「規制」という言葉が「保守的な意味合い[25]」をもつことは否定できないし、「コントロール」が「規制」よりも広い意味をもつことはたしかであるが、ハイマン自身が「ルール」や「制度」を「労使関係研究の中心的な意義」をもつものと認めているわけであるから、フランダースの定義が不適切であるとはいえない、とのべた。

三つめの論点にたいしては、「『制度』という用語よりも『プロセス』という用語のほうが、いっそうよく変化や発展という観念を呼び起こすということは認めなければならない。しかし他方、『プロセス』は『制度』よりも狭い」と反論した。そして、次のように例示した。「団体交渉は、制度としてもプロセスとしても表現できるが、労働組合や使用者団体――あるいは職場委員会――をプロセスと呼ぶのは言葉の拡大解釈になる」。

結論としては、「労働規制の研究者は、制度もプロセスも研究しなければならない」とした。そして、「[亡くなる前の]フランダースにこの問題が提起されれば、『労働規制の制度とプロセス』[という定義]で妥協することを厭わなかったであろう」とのべている。「したがって、フランダースの定義を『労働規制』[の研究]という言葉に縮めても、なにも失うことにはならない」と総括した。

クレッグは、こうした反論を書いた一九七九年のテキストブックの冒頭で、労使関係論の定義を「労働規制の研究」とし、また「雇用を規定するルールとそのルールの制定と変更、解釈と運用の方法[26]」を対象にしているとのべている。

こうしてクレッグは、フォックスとハイマンからの批判に応答することによって、「労使関係論におけるプルーラリズムの理論的な精緻化をはかった」。また、「公然とした論争が急速に発達している社会科学としてのイギリス労使関係論にとってきわめて重要であること[27]」を認識していたのである。

「労使関係論との敵対」から「労使関係論におけるマルクス主義理論の構築」へ

ハイマンは、その後、かつては、マルクス主義と労使関係論とは切り離されて、むしろ対立していたが、次のように考えて、本格的にマルクス主義の立場から労使関係論を構築しようと努力した。

「マルクス主義者にとってみると、使用者と労働組合の活動というのは、たとえば生産関係や階級闘争などの概念で理解されるべきものであった[28]」が今日では、「マルクス主義者に期待されているのは、労使関係という名称の下で生みだされるものを批判するだけでなく、その再分析、再解釈、再適用のために大きな努力をすることである。言い換えれば、労使関係論におけるマルクス主義理論の必要性が明らかなのである[29]」。

しかし、「マルクスやエンゲルスは、日常的な労働組合運動や制度化された団体交渉という状況の中で活動したり執筆したりしたわけではなかった」し「徹底した分析というよりも、当面の問題への対応[30]」が多かったので、アカデミックな労使関係論を展開しようとすれば課題は大きいのである。

とくに、マルクス主義の立場の研究に見られる労働組合論の問題点について、二つの正反対の形態での一面性がある、と指摘した。一つの極端は、「資本主義発展のロジックの決定論的な結果に過剰な重きをおくもの」であり、いま一つは、「資本主義内部の矛盾を労働者階級の集団的な行動にとってほとんど無限定の可能性を持つものとして扱う[31]」傾向であった。

「敵対的社会の生産関係から生じる集団的労使紛争を制度によって調停するプロセス」

ハイマンは、こうしてマルクス主義の立場から、「労使関係の政治経済学」の探究に貢献したのだが、一九八〇年代になると、『労使関係論』とはなにかということを根本的に定義し直そうとすれば、どのように追究してみても、それは自滅的なものにならざるをえないだろう」とした。

そして、一九七〇年代における自らの労使関係論の定義＝「労働関係のプロセスをめぐるコントロールの研究」を「行き過ぎた単純化」であったと反省した。再定義としては、「敵対的社会の生産関係［＝資本主義的な生産関係］から生じる集団的労使紛争［＝労働組合が当事者になった紛争］を制度によって調停するプロセス」というものを提起した[32]。

マルクスの「土台―上部構造」になぞらえた定義だといえよう。

しかし同時に、「制度によって調停するプロセス」ということを定義に盛り込むことによって、依然として「プロセス」を強調する一方、一九七〇年代におけるプルーラリズム（フランダース―ク

図表4—1—1　ヨーロッパ主要国における労働組合運動のパターン

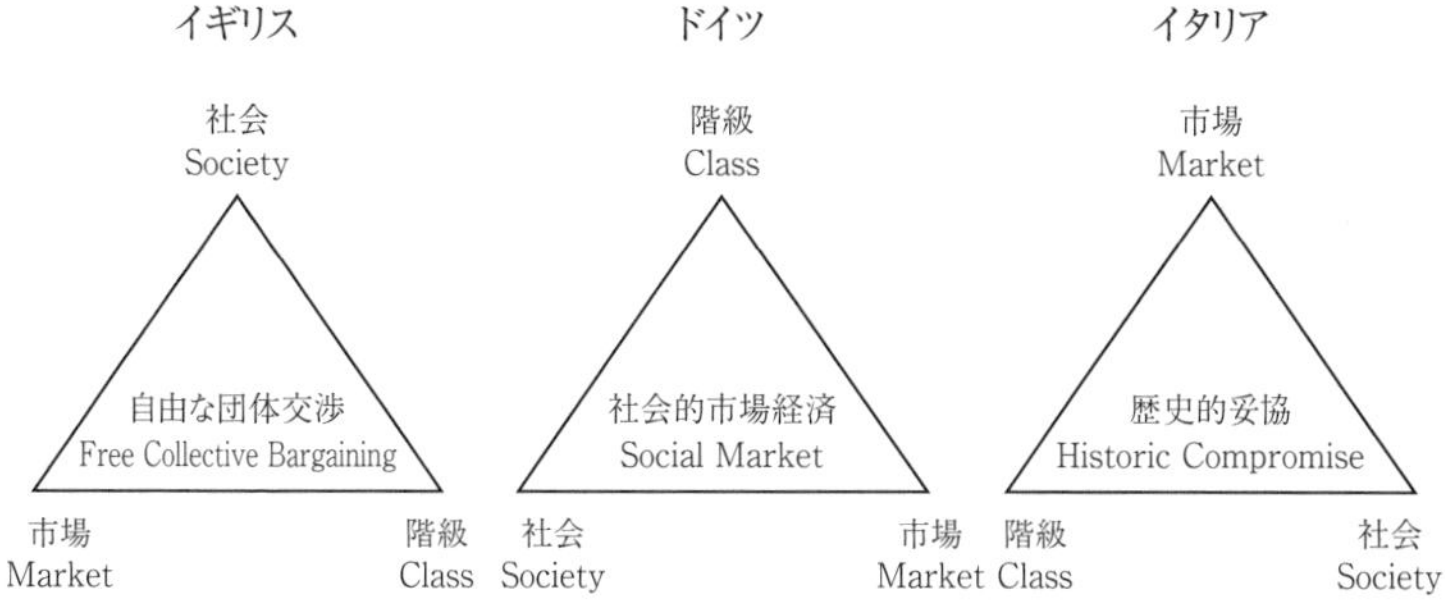

（出所）Richard Hyman, *Understanding European Trade Unionism: Between Market, Class and Society*, SAGE, 2001, pp. 69, 120, 151.

レッグ）とマルクス主義（ハイマン）との対立点であった「制度（institution）」の意義を認めたのである。これは、ハイマンにとって一つの大きな転換点であった。

ドグマなきマルクス主義か、制度派か

ハイマンは、一九九〇年代に入ると労使関係の国際比較のプロジェクトを進め、アンソニー・ファーナーとの共編著を立て続けに出版する。一七か国をまとめた『新しいヨーロッパの労使関係』（一九九二年）、主要なテーマごとの比較をおこなった『ヨーロッパ労使関係の新しいフロンティア』（一九九四年）、一五か国の労使関係をまとめた『変化するヨーロッパ労使関係』（一九九五年）を刊行した。

そして、ハイマン自身は、先述したイギリス・ドイツ・イタリアの労働組合運動に関する比較研究である『ヨーロッパ労働組合運動——市場・階級・社会のあいだで』（二〇〇一年）を著した。三か国の労使関係・労働組合運動の特質をパターン化して図示したのが図表4—1—1である。

この著書にたいしては、マルクス主義的なアプローチをとるポール・スミスが「ドグマにとらわれないマルクス主義」[33]の立場として積極的に評価する。

一方、ネオ・プルーラリズムを主唱するピーター・アッカーズ（第5章を参照）は、「私の読み方によれば、かれの以前の著作よりも、社会学＝歴史学的な制度派の立場へかなり接近している」[34]との位置づけをおこない、ハイマンがマルクス主義から制度派へシフトしてきていることを指摘している。アッカーズは、ハイマンが「職場」（『労使関係論――マルクス主義的概説』一九七五年）から「政治経済」（『労使関係の政治経済学――逆風のなかでの理論と実践』一九八九年）、さらに「ヨーロッパ市民社会」（『ヨーロッパ労働組合運動――市場・階級・社会のあいだで』二〇〇一年）へというように、考察の範囲を広げてきたと指摘している。[35]

他方、マーチン・アップチャーチら社会主義労働者党（SWP）系の学者のあいだでは、ここ二〇年ほどのハイマンの立場はレギュラシオン理論、ネオ・グラムシ主義の国家論、デュルケム社会学の折衷主義的なミックスになっている、という批判的な指摘もある。[36] イギリスではレギュラシオン理論による労使関係論、労使関係の分析はほとんどないが、この理論が国家の役割を重視していることを念頭においた指摘であろう。また、「ネオ・グラムシ主義の国家論」というのは、ハイマンが、伝統的なマルクス主義の国家論は単純化されすぎている機械的国家論であることを批判し、国家を「社会形態、社会関係」として捉え、「国家の中心部における矛盾は、社会主義者にとっての脅威であると同時にチャンスでもあるということを意味する」[37]とのべていることを指している。

「マルクスは必要ではあるが、マルクスだけでは不十分である」

さらに、その後、ハイマンは、①労使関係論の原理論(a theory of Industrial Relations)をつくるのは無意味であること、②「創造的なイマジネーション」による理論構築が必要であること、③「マルクスは必要ではあるが、マルクスだけでは不十分である」こと、④資本主義の多様性の下での労使関係論の各国別の多様性が認められること、などを指摘した。[38]

また、ハイマンは、「唯物論だけでは不十分である」とし、E・P・トンプソンがいう意味での「モラル・エコノミー」の必要性も指摘し、例として、「社会的ヨーロッパ」というスローガンをあげている。[39] また、レギュラシオン理論も多様であるが、その分析モデルの中には戦後のヨーロッパの労使関係の安定とその後の労働組合運動の危機とを説明できるものがある、と評価している。[40]

ハイマンの立場やその変遷をどのように評価するのかについては、いくつかの指摘が成り立つであろう。

ハイマンが当初のマルクス主義的なアプローチから、マルクス主義を批判的に研究し、また一九七〇年代におけるイギリス労働組合運動の急進化の評価から、一九八〇年代以降、その「病弊」の指摘[41]へと変化し、さらにヨーロッパ諸国を中心とした労働組合運動・労使関係の国際比較研究を経て、マルクス主義をなお不可欠の知的な源泉の一つとしつつも、制度派の立場にたつように変化したと思われる。

その学問的な背景としては、労使関係のマルクス主義的な分析や「労使関係の政治経済学」を標榜しながらも、マルクス経済学的なアプローチによる分析はほとんど示されず、むしろ全般的に社会学的な研究に重点が置かれてきたこと（国際比較のなかで一部、歴史的な研究や政治学的なアプローチを見せることもあるが）と関連が深いといえるだろう。もちろん、マルクス経済学が労使関係論としての分析にどれほど有効かは問われなければならない別の問題である。

□　□　□

次節は、同じくマルクス主義的な潮流のなかにあり、またニューレフトに属しながら、ウェッブ夫妻の『産業民主制論』やフランダースらのプルーラリズムによって開発された理論・概念を重視するデイブ・リドンを取り上げることにする。

（1）トニー・クリフの国家資本主義論の代表作は、Tony Cliff, *State Capitalism in Russia*, Pluto Press, 1974で、その日本語訳が対馬忠行訳『ソ連官僚制国家資本主義』風媒社、一九八〇年である。

（2）トニー・クリフの経歴と活動については、Ian Birchall, *Tony Cliff: A Marxist for His Time*, Bookmarks, 2011がある。インターナショナル・ソシアリスツがトロツキスト組織であるかどうかについては議論の余地がある。Richard Hyman, 'Will the Real Richard Hyman Please Stand Up?', *Capital & Class*, 36-1, p.152によると、ハイマン自身、Richard Hyman, *Marxism and Sociology of Trade Unionism*, Pluto, 1971を執筆するまではトロツキーの著作自体を読んだことがなかったという。イギリスのトロツキズムについては、John

Kelly, *Contemporary Trotskyism: Parties, Sects and Social Movements in Britain*, Routledge, 2018を参照。

（3）Tony Cliff, *The Employers Offensive: Productivity Deals and How to Fight Them*, Pluto Press, 1970. 初刷の一万部が三週間で完売したという。

（4）インターナショナル・ソシアリスツや社会主義労働者党（ＳＷＰ）に関与した労使関係論、労働史研究の学者に関する資料や文献名は煩雑になるので省略する。

（5）Steve Jefferys, 'The 'IS-SWP Tradition': How the SWP Narrowed into a Sect', *Workers Liberty*, 22 June 1995. ジェフェリーズの論文が掲載されている雑誌は、トロツキスト党派の労働者解放同盟（Alliance for Workers' Liberty）の機関誌である。

（6）Hyman, *Marxism and Sociology of Trade Unionism*.

（7）Richard Hyman, *Strike*, Macmillan, 1972. その後、一九七七年に第二版、一九八四年に第三版、一九八九年に第四版が刊行された。第四版で、「労使関係、とくに労使紛争の社会学的な理解」（p. 179）に資することを目的としている、とのべている。

（8）Richard Hyman, *The Workers' Union*, Clarendon Press, 1971. なお、運輸・一般労働者組合の結成と労働者組合との合同、その後の発展については、浅見和彦「運輸・労働者組合の源流と成立——合同過程と組織論を中心に——（上）・（下）」『大原社会問題研究所雑誌』一九八七年一〇月号、一一月号を参照。

（9）Dave Lyddon, 'Industrial- Relations Theory and Labor History', *International Labor and Working-Class History*,1994, p. 123; Dave Lyddon, 'History and Industrial Relations', in P. Ackers and A. Wilkinson (eds.), *Understanding Work and Employment*, Oxford University Press, 2003, p. 110.

（10）Richard Hyman, *Dispute Procedure in Action*, Heinemann, 1971.

（11）Richard Hyman, *Industrial Relations: A Marxist Introduction*, Macmillan, 1975.

(12) Peter Ackers, 'Workplace Participation in Britain, Past, Present and Future: Academic Social Science Reflections on 40 Years of Industrial Relations Change', in Stephen Berger, Ludger Pries and Manfred Wannoffel (eds.), *The Palgrave Handbook of Workers Participation at Plant Level*, Palgrave Macmillan, 2019, p. 560.

(13) Richard Hyman, *Political Economy of Industrial Relations: Theory and Practice in a Cold Climate*, Macmillan, 1989.

(14) Richard Hyman and Ian Brough, *Social Values and Industrial Relations: A Study of Fairness and Equality*, Basil Blackwell, 1975.

(15) Richard Hyman, *Understanding European Trade Unionism: Between Market, Class and Society*, Sage, 2001.

(16) リチャード・ハイマン、山本興治訳「サッチャー政権下のイギリス労働組合」『賃金と社会保障』第一〇三七号、一九九〇年、同「二〇〇〇年に向けてのヨーロッパ労働組合（その１）」『賃金と社会保障』第一〇五三号、一九九一年、同「二〇〇〇年に向けてのヨーロッパ労働組合（その２）」『賃金と社会保障』第一〇五五号、一九九一年。

(17) Hyman, *Industrial Relations*, pp. 12, 36, 64, 203.

(18) *Ibid*., p. 31; Hyman, *Political Economy of Industrial Relations*.

(19) Allan Flanders, *Industrial Relations: What is Wrong with the System?*, Faber and Faber, 1965, p. 10. 日本語訳は、西岡孝男訳『労使関係論』未来社、一九六七年、一四頁。institutionを「機構」と訳すのは適切とはいえないだろう。

(20) Hyman, *Political Economy of Industrial Relations*, p. 86.

(21) H. A. Clegg, *The Changing System of Industrial Relations in Great Britain*, Basil Blackwell, 1979, p. 451. 同書の日本語訳は、牧野富夫ほか訳『イギリス労使関係制度の発展』ミネルヴァ書房、一九八八年、三三七頁。

(22) Hyman, *Industrial Relations*, pp. 12, 36, 64, 203.; Hyman, *Political Economy of Industrial Relations*, Macmillan, 1989.

(23) Hyman, *Industrial Relations*, p.31および Hyman, *Political Economy of Industrial Relations* が「労使関係の政治経済学」を標榜している。

(24) Clegg, *The Changing System of Industrial Relations in Great Britain*, pp. 450-456.

(25) *Ibid.*, p. 451.

(26) *Ibid.*, pp. 1-2.

(27) Peter Ackers, 'Neo-Pluralism as a Research Approach in Contemporary Employment Relations and HRM: Complexity and Dialogue', in Keith Townsend et al., *Elgar Introduction to Theories of Human Resource Management and Employment Relations*, Edward Elgar, 2019, p. 40. この文の後に続けて、アッカーズは、「クレッグが恐れていたのは実践的マルクス主義であった」とものべている。つまり、ハイマンではなく、共産党や同党系のマルクス主義である。しかし、「学者のあいだでのラディカル派の代表者の見解は、アカデミックな論争にとっては不可欠であることを認識していた」と書いている。

(28) Richard Hyman, 'Theory in Industrial Relations', in *Political Economy of Industrial Relations*, p. 124.

(29) *Ibid.*, p. 125.

(30) *Ibid.*

(31) *Ibid.*, p. 137.

(32) *Ibid.*, p. 140.

(33) Paul Smith, 'Book Review of Richard Hyman, Understanding European Trade Unionism: Between Market, Class and Society', *Historical Studies in Industrial Relations*, 13, 2002, p. 155.

(34) Peter Ackers, 'Theorizing the Employment Relationship: Materialists and Institutionalists', *British Journal of Industrial Relations*, 43-3, 2005, p. 541.

(35) Peter Ackers, 'Gramsci at the Miners' Strike: Remembering the 1984-1985 Eurocommunist Alternative Industrial Relations Strategy', *Labor History*, 55-2, 2014, p. 170.

(36) Graham Taylor et al., 'Beyond the Political Economism for the Unions?: New Identities in Western Europe', *Class and Capital*, 36-1, 2011, p. 27.

(37) Richard Hyman, 'Will the Real Richard Hyman Please Stand Up? ', *Capital & Class*, 36-1, p.163.

(38) Richard Hyman, 'Is Industrial Relations Theory Always Ethnocentric?', in B. Kaufman (ed.), *Theoretical Perspectives on Work and the Employment Relationship*, Industrial Research Association, 2004. この著書の書評として、鈴木玲「仕事と雇用関係の理論的視座」『大原社会問題研究所雑誌』第五七〇号、二〇〇六年五月を参照。

(39) Hyman, 'Will the Real Richard Hyman Please Stand Up?', p. 161.

(40) *Ibid.*, p. 169.

(41) Richard Hyman, 'The Sickness of British Trade Unionism: Is There a Cure?', in *Political Economy of Industrial Relations*.

●コラム⑫

ジャック・ジョーンズ――「ユニオン・マン」の生涯

一九六〇年代から七〇年代にかけて、イギリスの労働組合運動がその力を発揮した時期の実力者はジャック・ジョーンズ（James Larkin Jones, 一九一三～二〇〇九年）であった。プルーラリズムの確立からマルクス主義派の挑戦の時期（第2章、第4章を参照）に重なる。

リバプールの港湾労働者の息子で、父親が全国ドック労働者組合のオルガナイザーであるジェームズ・ラーキン[1]にちなんで名付けた。一九二七年に運輸一般労組（ＴＧＷＵ）に加入。スペイン内戦に国際旅団の一員として参加し、三八年のエブロ川の激戦で重傷を負い、帰国する。三九年に自動車・航空機産業の中心都市であるコベントリーで、ＴＧＷＵ専従地区書記長に就いた。大産業別連合体の造船・機械産業労働組合総連合の地区委員会書記長も兼任し、戦時下の労働組合運動に従事した。戦後は、五五年にウエスト・ミッドランズ地方本部の書記長になり、さらに、ＴＧＷＵ本部の書記次長代理を経て、六九年から七八年まで書記長を務めた[2]。

書記長となったジョーンズは、最大労組であるＴＧＷＵの組織改革を進める。工場・事業所段階の生産性交渉を重視し、支部の基本的な組織形態を地域支部から職場支部へ再編し、その支部を指導する機関も従来の地方本部ではなく、その下の段階にある地区委員会に移し、地区委員会の数も増やした。また、未組織労働者の組織化と同時に、他組合との組織合同も進め、職場における組合間の競合の解消に努めた。さらに、クローズドショップ制やチェックオフ制も活用して、組合員の定着化をはかった。他方、少なくない産業別交渉機構から脱退している（これらの改革は、ドノバン委員会の勧告にそった内容であったといえる）。さらに、冷戦の時期に共産党員を組合機関の役員から排除した規約の改正でもイニシアチブを発揮した。(3)

一方、労働党政権の所得政策による賃金抑制を支持し、職場組合員のつよい批判を浴びた。ジョーンズの死後になって、かれは一九三〇年代に労働党員（リバプール市会議員を務めた）であると同時に非公然の共産党員でもあったことが明らかされている。(4)

（1）ジェームズ・ラーキンについては、Emmet Larkin, *James Larkin 1876-1947: Irish Labour Leader*, Routledge & Kegan Paul, 1965 を参照。
（2）Jack Jones, *Union Man,: An Autobiography of Jack Jones*, Collins, 1986. を参照。
（3）浅見和彦「運輸・一般労組（ＴＧＷＵ）の組合改革・再論――その思想と組織論の含意」『専修経済学論集』第三九巻第一号、二〇〇四年七月（MSS.126/Z/249, MRC）を参照。
（4）M. Oriordan, *The Vindication of Brigadista and Union Man Jack Jones*, Bevin Society, 2010, pp. 20-22 を参照。

2　労働規制論と労働史研究の結合――デイブ・リドン

この節ではマルクス主義の潮流に属し、政治的にはニューレフトでありながら、ウェッブ夫妻の『産業民主制論』やフランダースの理論的な業績、とくに労働規制論を積極的に評価し、マルクス主義労使関係論の立場は労働史研究の視座からそれらの理論的業績と結合することにある、と主張するデイブ・リドンを紹介する。

(1)　人物と著作

インターナショナル・ソシアリスツのオルガナイザー

マルクス主義の立場から労使関係論の展開を図ろうとするもう一人の研究者として、デイブ・リドン（Dave Lyddon, 一九四八年～）がいる。

リドンは、一九四八年生まれで、学生の頃からニューレフトのインターナショナル・ソシアリスツ（ＩＳ）というグループに所属していた。このグループには、リチャード・ハイマンも一時期所属していたことはすでにのべた。

ＩＳは、一九七七年に社会主義労働者党（ＳＷＰ）になった。ハイマンはその直前に離れたが、リドンはその後も現在まで所属している。ＩＳやＳＷＰに属していた経験をもつ労使関係論の大学教員が少なくないこともすでに指摘した通りである。

リドンは、オックスフォード大学卒業後は、一九七一年にＩＳの専従オルガナイザーになり、ＩＳが産業別に発行していた新聞（「ランク・アンド・ファイル・ペーパー」と呼ばれた）のうちの自動車産業版である「自動車労働者（Auto Workers）」を編集した。翌年、オックスフォードシャーのカウリーにあるモリス自動車会社に就職して、労働組合運動に携わった[1]。

大学教員へ

その後、ロンドン・スクール・オブ・エコノミクスとウォーリック大学の大学院に在籍し、自動車産業の労働組合である全国車輌製造工組合（National Union of Vehicle Builders）に関する歴史の研究で博士号を取得している。

その後、二つのポリテクニックでの教員を経て、一九八八年にキール大学（Keele University）の教員になった。一九九六年に、そのキール大学が発行元になった労使関係史の学術研究誌『労使関係史研究』（*Historical Studies in Industrial Relations*）の編集責任者になり、二〇一二年までその任にあった。現在も同誌の編集委員会メンバーである。

キール大学をイギリスにおける労使関係論の研究と教育の拠点の一つにするうえで大きな役割を果たしたのである。

また、二〇〇七～〇八年にキール大学の使用者側が人的資源管理・労使関係学科を閉鎖し、担当教員を指名解雇しようとした労働争議[2]ではその反対運動の中心的な役割を果たした一人である（本書のコラム⑬も参照）。

現在は、キール大学名誉フェローである。

著作の五つの領域

リドンの主要な研究は、次のような五つの領域にわたっている。

第一は、労使関係論の理論の領域であり、リドン自身は、労働史研究の視座と、ウェッブ夫妻『産業民主制論』およびフランダースを中心としたプルーラリズムの諸概念との結合という方法を主唱している。その代表的な論文が「労使関係論の理論と労働史研究」（一九九四年[3]）である。

第二は、イギリス労使関係論の歴史に関する研究の分野で、「歴史と労使関係論」（二〇〇三年[4]）がある。

第三は、イギリス自動車産業の労使関係である。「自動車産業一九四五～七九年――職場委員と職場の労働組合運動」（一九九六年[5]）などがある。

第四は、イギリス労働組合の一九七二年の闘争に関するラルフ・ダーリントンとの共著である『輝かしい夏――一九七二年のイギリス階級闘争』（二〇〇一年[6]）である。

第五が、ストライキとその国際比較についての研究である。イギリスのストライキについては、

「ストライキの高揚からその衰退へ――イギリス一九六八～二〇〇五年」（二〇〇七年）[7]、「イギリスのストライキ・パターンの変化――一九六四～二〇一四年」（二〇一五年）[8]などがあり、ストライキの国際比較としては、「ストライキ統計と国際比較の諸問題」（二〇〇七年）[9]がある。

ここでは、前二者の労使関係論の理論と歴史に関する見解を検討する。

(2) リドンの労使関係論の特質

ウェッブ夫妻『産業民主制論』への積極的な評価

リドンは、ウェッブ夫妻やG・D・H・コール以降、戦後のフランダースらにいたる系譜の理論的業績（＝プルーラリズム）の歴史的な発展を確認し、その理論的な蓄積を正当に評価すべきだとする立場にたつ。

リドンは、マルクス主義歴史家でイギリス共産党（CPGB、コラム⑮を参照）に所属していたエリック・ホブズボウムの次のような指摘を重視する。

「ウェッブ夫妻の『産業民主制』は、イギリス労働組合についてこれまでに書かれた著書のなかで最良で唯一のものである」。同時に、「民主主義、国家、社会主義への移行の全理論を含んでいる、この著書の内容は、レーニンを刺激するのに十分なほど興味深いものである」[10]。

そして、リドンは、「理論的な枠組みについては、マルクス主義者も非マルクス主義者も、ウェッブ夫妻を参照する以外に選択肢はない」[11]と主張する。

とくに、『産業民主制論』における①労働組合運動の三つの方法＝労働組合規制である相互保険、団体交渉、法律制定、②そしてその労働組合規制の基礎にある二つの経済的手段である組合員数の制限と共通ルールの方策、③理論的な仮説である既得権説、供給・需要説、生活賃金説を重視している（詳しくは第1章を参照）。

労働組合運動の歴史に関する研究は増えてきたが、「組合の書記長、大会の決定や執行部などの制度的な焦点を重視して、職場委員、支部書記長、地区役員はもちろん、組合員である労働者や組合員になる可能性のある労働者にほとんど注意を払っていない」し、『『産業民主制論』の分析』を参照していない、と批判している。[12]

一方、ジェームズ・ヒントン（James Hinton）――かれも一時期、インターナショナル・ソシアリスツに所属していた――が、ウェッブ夫妻を批判して、中期ビクトリア期の機械工業の職場で団体交渉がおこなわれていたにもかかわらず、「職場交渉」（workshop collective bargaining）に「ほとんど注意を払っていない」[13]としていることを紹介している。

また、J・D・M・ベル（J. D. M. Bell）[14]が、ウェッブの「相互保険」に替えて、「自治的規制」（autonomous regulation）という概念を使っている[15]ことに注目している。

さらに、一九世紀の建設業の労使関係の研究をおこなったリチャード・プライス（Richard Price）が、ベルの用法である労働組合の自治的規制論（図表1―1―1）とは異なって、労働者集団の行動によって地域における労働のルールが形成されることに「自治的規制」（autonomous regulation）とい

図表４－２－１　リチャード・プライスの労働者集団による「自治的規制」論

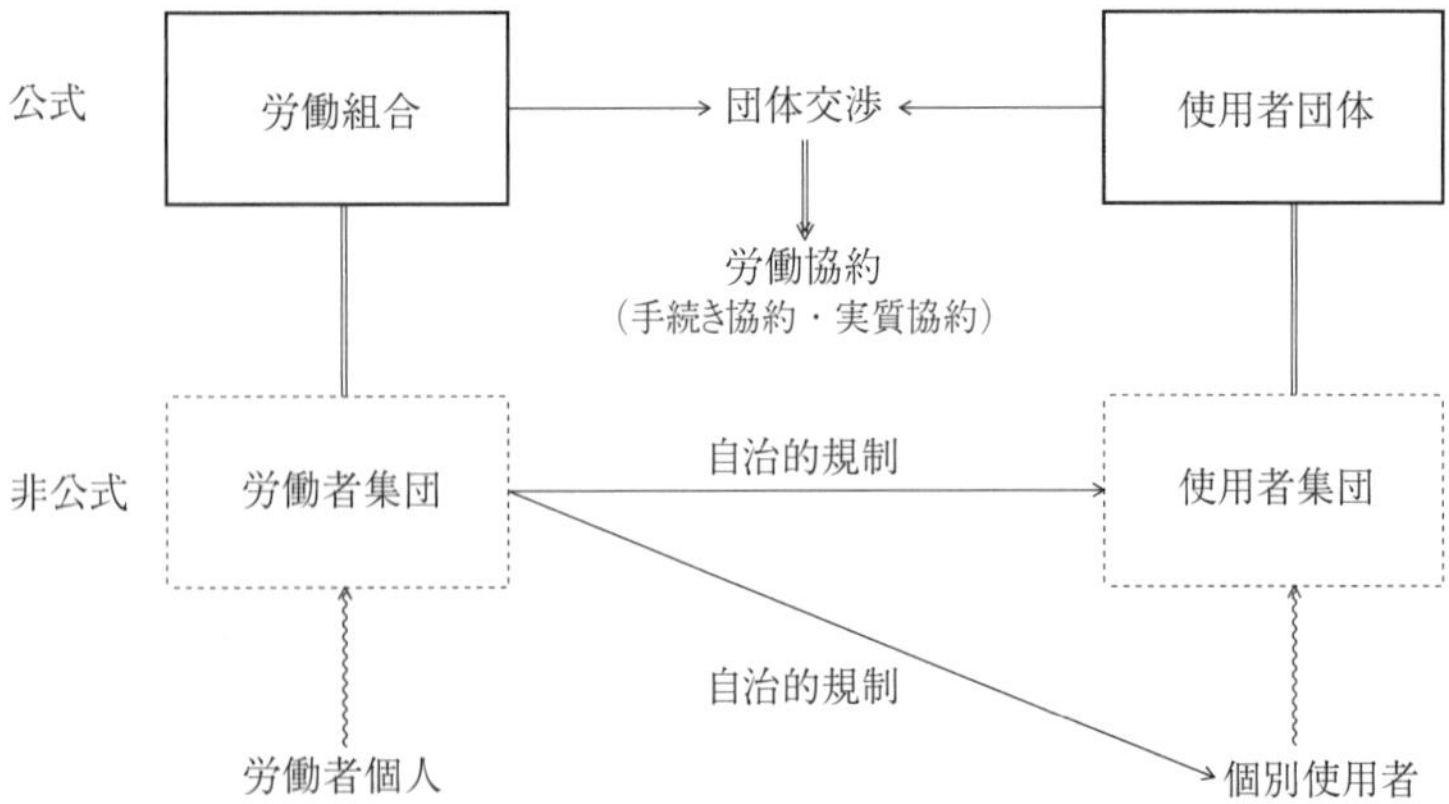

（注）Richard Price, *Masters, Unions and Men: Work Control in Buiding and the Rise of Labour 1830-1914*, Cambridge University Press, 1980, chap 2. にもとづいて、浅見和彦が作成。

う概念（図表4―2―1）[16]を当てていることも指摘している。[17]

フランダースの労働規制論を高く評価――労使関係論の「理論化」と「国際比較の枠組み」

リドンは、「ウェッブ夫妻以降で、イギリスの労使関係論における理論化が生じたのは一九六〇年代と一九七〇年代である」[18]とし、フランダースの労働規制論に高い評価を与える。

「ウェッブ夫妻とその後の労使関係論の著者、とくにフランダースの理論的著作をもとにすれば、『内部労働規制』における労働者の役割と『外部労働規制』における労働組合の役割とを、ともに含んだ分類をつくり出すことができる」[19]と指摘した（図表4―2―2）。

「フランダースの用法に従えば、団体交渉も、複数の使用者との［企業横断的な］交渉だけでなく、単一の「企業別の」交渉も含む」と指摘している。また、「三者間規制」（所得政策の場合も含める）や「国家規制」という用法にも注意を向けている。[20]

さらに、労働規制という概念は、「非常に異なった労使関係の伝統をもった国々」に適用できるだけでなく、「国際比較の枠組み[21]」として有用であると強調した。

一九六〇年代、七〇年代に開発された概念や理論を使わない傾向への批判

リドンは、フランダースの労働規制論のほかにも、一九六〇年代、一九七〇年代におこなわれた労使関係論の理論化が進んだことを高く評価している。

例えば、H・A・ターナー（H. A. Turner）の組織対象を特定の業種・職種の労働者とするクローズド・ユニオン（closed union）とそれを（ほとんど）特定しないオープン・ユニオン（open union）とする労働組合の組織類型論と組合運営の類型論[22]（図表4―2―3）をつくったことを評価している。

そして、リドンは、「ウェッブ夫妻もターナーも、かなり長期にわたる労働組合の歴史的な発展の研究から理論的な概念を引き出している[23]」ことを強調している。

そのため、この後で取り上げるマルクス主義の立場のジョン・ケリーが「われわれは、［一九九〇年代にいたってもなお］しばしば概念と理論的なツールを欠いている[24]」とのべていることを批判している。「概念と理論的なツールを欠いている」のではなく、むしろ、ウェッブや一九六〇年代、一九七〇年代に蓄積されてきた理論や概念が労使関係の実証的な研究や歴史の研究で用いられなく

内部労働規制

ルールのタイプ		
単独型	＊	経営側が協議なしに課すルール
	＊	もっぱら従業員のみで構成される労働組合の委員会ないし職場支部が課すルール
	＊	労働者ないし労働集団が課すルール —（受動的な）慣習 —合理的な経済的行動 —（集団の）しきたり
双方型	＊	経営側が交渉したり、合意したりする従業員とのあいだのルール —選出された労働組合役員（例：職場委員） —労働組合と労働者の合同の代表（例：従業員代表制度の代表） —労働者集団の代表 —個人 —ホワイトカラーの職員 —ブルーカラーの労働者
融合型	＊	経営側が協議後に課すルール
	＊	慣習・慣行によるルールで、公然と交渉したものではないが、経営側と従業員とが双方で受け入れたもの

（注）浅見がデイブ・リドンから受けとったプリント資料（2000年10月2日にキール大学人的資源管理・労使関係学科大学院修士課程における講義において配付されたもの）を日本語に訳したもの。

図表4―2―2　労働規制（job regulation）の体系

外部労働規制

ルールのタイプ	
単独型	1、組合が課すルール
	―全国的
	―地域レベル
	―支部レベル
	2、使用者団体が課すルール
	―全国的
	―地区レベル
	3、業種や慣習的な取引の慣行
	―地区レベル
双方型	4、複数の使用者と単独あるいは複数の労働組合との交渉ないし労働者代表との交渉
	―欧州レベル
	―全国的
	―複数の産業
	―単一の産業
	―地区レベル
	5、個別使用者と個別あるいは複数の労働組合ないし労働者代表との交渉
	―欧州レベル
	―全国企業レベル
	―事業部レベル
	―工場レベル
第三者機関	6、仲裁によって決定されるルール
	―任意的：公的な仲裁人によるもの
	独立した仲裁人によるもの
	―強制的：労働裁判所／労働審判制度
慣習	7、伝統と慣習によるルール
法律	制定法（議会）、コモンロー（判決）
	8、実質的なルール（利益争議）
	9、手続き的なルール（権利争議）
三者間	10、三者によって決定されるルール
	＜例＞社会的パートナーシップ
国際	11、国際法

図表4—2—3　H.A.ターナーの労働組合類型・運営類型論

Type of Union 労働組合の類型		*Type of Union Government* 労働組合の運営の類型
Closed クローズド	→	'Exclusive Democracy' 排他的民主主義 （一般の組合員の直接参加）
↕	→	'Aristocracy' 貴族政 （活動家集団の主導）
Open オープン	→	'Popular Bossdam' ポピュラー・ボスダム （大衆的な支持のある強力なリーダーによる運営）

（出所）J.E.T.Eldridge, *Sociology and Industrial Life*, Nelson, 1971, p.181.

なっていることに警鐘を鳴らしているのである。[25]

マルクス主義労使関係論の提起——労働規制論と労働史研究の結合

リドンは、こうしたイギリス労使関係論の系譜、つまりウェッブの『産業民主制論』とプルーラリズムによって開発された概念・類型論と、労使関係の歴史的研究とを結びつけることを提唱する。

労働規制という概念は、「マルクス主義の『下からの歴史研究』という視点と両立するのみならず、このような枠組みの中でこそ成功するであろう」とし、「労使関係論と労働史研究との連携を再生することは、マルクス主義的な視点をもった労使関係理論の洞察力と結びつくことによって実現できる」[26]と主張している。

リドンのいう「マルクス主義」というのは、労働史の研究＝歴史学を指しているといえる。

したがって、ウェッブやフランダースなどの労働規制の考え方と歴史学の研究を結びつけることを主張している。いいかえると、マルクス経済学との結びつきではない。

□　□　□

次節は、同じくマルクス主義的な潮流に属して、制度ではなくプロセスを重視し、資源動員論というアメリカ社会学理論を労使関係論に導入することで労使関係論の再建を図ろうとするジョン・ケリーの見解を検討する。

（1）　Celia Hughes, *Young Lives on the Left: Sixties Activism and the Liberation of the Self*, Manchester University Press, 2015, pp. 230-231, 240-241.

（2）　キール大学の争議の背景と経過については、Roger Seifert, 'Industrial Relations at Keele University: In the End Is Always Political', in Ralph Darlington (ed.), *What's the Point of Industrial Relations?: In Defence of Critical Social Science*, British University Industrial Relations Association, 2008.; 'Editorial' in *Historical Studies in Industrial Relations*, 25/26, 2009; 'Fighting for a Union Resource', *Labour Research*, April 2008 を参照。なお、筆者（浅見）は、二〇〇〇年九月から一年間、キール大学人的資源・労使関係学科の客員研究員であった（本書のコラム⑬を参照）。

（3）　Dave Lyddon, 'Industrial Relations Theory and Labor History', *International Labor and Working-Class*

History, 46, 1994.

(4) Dave Lyddon, 'History and Industrial Relations', in Peter Ackers and Adrian Wilkinson (eds), *Understanding Work and Employment: Industrial Relations in Transition*, Oxford University Press, 2003.

(5) Dave Lyddon, 'Car Industry, 1945-79: Shop Stewards and Workplace Unionism', in Chris Wrigley (ed.), *A History of British Industrial Relations, 1939-79: Industrial Relations in a Declining Economy*, 1996, Edwards Elgar.

(6) Dave Lyddon and Ralph Darlington, *Glorious Summer: Class Struggle in Britain 1972*, Bookmarks, 2001.

(7) Dave Lyddon, 'Strike Wave to Strike Drought: The United Kingdom, 1996-2005', in Sjaakvan der Velden, Heiner Dribbusch, Dave Lyddon, Kurt Vandaele (eds.), *Strikes Around the World: Case-Studies of 15 Countries*, aksant, 2007.

(8) Dave Lyddon, 'The Changing Pattern of UK Strikes, 1964-2014', *Employment Relations*, 37-6, 2015.

(9) Dave Lyddon 'Strike Statistics and the Problem of International Comparison', in Sjaakvan der Velden et al., (eds.), *Strikes Around the World*.

(10) Eric Hobsbawm, 'The Fabians Reconsidered', in *Labouring Men: Studies in the History of Labour*, Weidenfeld and Nicholson, 1964, p. 255.

(11) Lyddon, 'Industrial-Relations Theory and Labor History', p. 125.

(12) *Ibid.*

(13) James Hinton, *The First Shop Stewards' Movement*, George Allen and Unwin, 1973, p. 78.

(14) 本書のコラム⑤を参照。

(15) J. D. M. Bell, 'Trade Unions', in Allan Flanders and Hugh Clegg (eds.), *The System of Industrial Relations in Great Britain*, Oxford University Press, 1954, p. 192.

(16) Richard Price, *Masters, Unions and Men: Work Control in Building and Rise of Labour 1830-1914*, Cambridge University Press, 1980, p.58.

(17) Lyddon, 'Industrial-Relations Theory and Labor History', p. 132.

(18) Lyddon, 'History and Industrial Relations', p. 104.

(19) Lyddon, 'Industrial-Relations Theory and Labor History', p. 124.

(20) *Ibid.*, p. 130.

(21) *Ibid.*, p. 136.

(22) H. A. Turner, *Trade Union Growth, Structure and Policy: A Comparative Study of the Cotton Unions*, George Allen and Unwin, 1962, pp. 114, 198, 249.

(23) Lyddon, 'History and Industrial Relations', p. 105.

(24) John Kelly, *Rethinking Industrial Relations: Mobilization, Collectivism and Long Waves*, Routledge, 1998, p. 23.

(25) Lyddon, 'History and Industrial Relations' p. 104.

(26) *Ibid.*, p. 137.

●コラム⑬

キール大学争議――労使関係論の拠点への攻撃

戦後のイギリスの大学で労使関係論の教育と研究が広まっていって、大学によっては労使関係学科や人的資源管理学科を設置した。

イングランド中部のキール大学（Keele University）にも一九九二年に人的資源管理・労使関係学科が創設された。二〇〇〇年頃には一学年の定員が約八〇名（三年制）、大学院の修士課程（一年制）に院生が二〇名、通信教育課程（二年制）の院生は労働組合役員や人事管理担当者など合計八〇名が在学していた。この学科は外部評価も高く二四点満点で二一点であった。[1] また、一九九六年には同大学出版局から『労使関係史研究』という学術誌が創刊された。

ところが、二〇〇七年末に大学経営陣のリストラ計画が明るみになる。同大学の経済・経営分野を再編し、同学科を閉鎖するというものであった。これらの分野の六八人の教員のうち三八人を解雇するもので、とくに同学科の教員一二名のうち一〇名を指名解雇しようとした。

大学教職員組合（ＵＣＵ）のキール大学支部は、ストライキを含む争議行為を展開し撤回を求めた。イギリス大学労使関係学会（コラム⑰を参照）も会員の署名とともに抗議書を送り、支援した。結局、学科の閉鎖と解雇を全面的に撤回させることはできなかったが、科目の存続と希望退職募集で妥結した。学科の教員のうち、組合の行動委員会議長を務めたマイク・アイアンサイド（Mike Ironside）は退職、学科長のロジャー・シーファート（Roger Seifert）とコリン・ウィッツトン（Colin Whitston）は他大学へ移り、デイブ・リドン（第3章を参照）とポール・スミス（Paul Smith）はキール大学に留まるなどの結果になった。[2] リドンとスミスは『労使関係史研究』の共同編集長であったので、同誌の発行が継続されることになった。

この争議の結果、「労使関係」あるいは「人的資源管理」という名称を冠したイギリスの大学の学科は最終的に姿を消すことになったのである。[3]

（1） 筆者（浅見）は二〇〇〇年九月から一年間、同学科の客員研究員であった。学科や大学院に関する情報は、当時、同学科長であったロジャー・シーファートから得たものである。

（2） アイアンサイドとシーファートは共産党員、リドンは社会主義労働者党の党員であるから、大学における「レッドパージ」としての性格があることは明らかであった。

（3） キール大学争議については、Roger Seifert, 'Industrial Relations at Keele University: In the End It Is Always Political!', in Ralph Darlington (ed.), *What's the Point of Industrial Relations?: In Defence of Critical Social Science*, BUIRA, 2009; 'Fighting for a Union Source', *Labour Research*, April 2008; 'Keele Academics Set to Strike', *The Guardian*, 18 February 2008; Gregor Gall, 'The Death of Industrial Relations', *The Guardian*, 28 January, 2008 を参照。

3　古典的マルクス主義から資源動員論へ――ジョン・ケリー

本章ではすでに、ニューレフト・マルクス主義の立場のリチャード・ハイマンとデイブ・リドンを取り上げた。本節では、マルクス主義の潮流のなかでも、イギリス共産党系の労使関係論の学者であったジョン・ケリー（John Kelly，一九五二年〜）を取り上げることにする。

⑴　人物と著作

心理学から労使関係論へ

まず、ケリーの経歴について見る。[1] ケリーは一九五二年生まれで、シェフィールド大学で心理学を学んで、その後、労働組合運動や労使関係論を研究するようになった。一九七九年にＬＳＥ（ロンドン・スクール・オブ・エコノミクス・アンド・ポリティカル・サイエンス）から博士号を授与されている。一九八〇年にＬＳＥの労使関係学科の教員になり、その後、教授となった。また、『イギリス労使関係雑誌』の編集に携わった。二〇〇三年にロンドンにある社会人向けの大学であるバークベック・カレッジに移り、経営学科長を務めた。現在は、同大学の名誉フェローになっている。また、社会科学アカデミーの会員でもある。

政治的な経歴について触れれば、一九七九年にイギリス共産党（Communist Party of Great Britain）に入党し、一九八三年頃、いわゆる「ユーロコミュニズム」の潮流に属していたが、のち同党内でこれを批判する立場に転じた[2]。この時期に同じくイギリス共産党に所属していて、「ユーロコミュニズム」の潮流に属し、その後、ニューレーバーに共鳴し、二〇〇〇年代に入ってネオ・プルーラリズムを提唱するに至るのが、第5章で取り上げるピーター・アッカーズである。ケリーは、同党が「ユーロコミュニズム」派の指導部によって一九九一年に解散する直前に離党した。一九八八年に結成され、現存するイギリス共産党（Communist Party of Britain）のメンバーになったことはないようである[3]。

著作——職務再設計から古典的マルクス主義をへて資源動員論へ

主要な単著は、一九八〇年代の初めは「労働の人間化」に関わる『科学的管理法、職務再設計、仕事のパフォーマンス』（一九八二年）という著書を出している。また、共編著である『職場における自治と統制』（一九八二年）も同じ時期に出版している。

しかし、八〇年代後半になると、労働組合論として、『労働組合と社会主義政治闘争』（一九八八年）[4]を刊行している。その構成は次のようになっている。

前半は、古典的マルクス主義者について扱い、マルクスとエンゲルスが革命的な主体としての労働組合論を展開していることを指摘している。また、レーニン、ルクセンブルグとトロツキーは、労働組合運動の限界と階級意識の問題を主題としていることを議論している。概してレーニンの問題点を指摘し、ルクセンブルグを評価する傾向になった。そして、グラムシの工場評議会を取り上げて、イデオロギーの問題を重視した点を指摘している。最後に、カウツキーとベルンシュタインの「修正主義」を議論している。

また、後半は、戦後イギリスの労働組合運動、とくに一九七〇年代と八〇年代の分析をおこなっている。テーマは、ストライキと階級意識、セクショナリズムの問題、労働組合指導部と団体交渉、産業民主主義、資本主義国家論にまで及んでいる。

また、労使関係論の主著は、一九九〇年代の初頭に大学での講義をもとにしながら、まとめた『労使関係論再考——動員・集団主義・長期波動』(一九九八年)[5]が代表作で、その内容は以下のようになっている。

一つは、労使関係論の領域についてである。また、二つめは資源動員論と労使関係論である。資源動員論に関連して、オルソンの理論についての批判をおこなっている。三つめは、労使関係における長期波動をめぐって、歴史的にみた資源動員に対するカウンターを議論している。四つめは、ポストモダニズムによる労働運動の終焉論に対して、その批判をおこなっている。

労使関係論のもう一つの代表作は、『倫理的社会主義と労働組合——アラン・フランダースとイギリス労使関係の改革』(二〇一〇年)である。第2章で取り上げたフランダースの労使関係論とその政治的・理論的背景を主題として取り上げている。フランダースの伝記的な研究の性格もある。

さらに、イギリスのトロツキズムに関する『現代のトロツキズム——イギリスにおける政党・セクト・社会運動』（二〇一八年）[6]を刊行している。一九二〇年代から七〇年代まで、イギリス労働運動の左派の中核にあったイギリス共産党（ＣＰＧＢ）が八〇年代には内部抗争から衰退した（コラム⑮を参照）。それに替わって一九八〇年代以降、その中核に登場したトロツキズムの諸潮流――社会主義労働者党（トニー・クリフら）とミリタント（テッド・グラント、ピーター・ターフらが中心で、一九九二年にターフらがグラントを排除して社会主義党を結成した）の二つの党派が中心的な勢力になっている――に注目して、執筆されたものである（コラム⑭を参照）。

(2) ケリーの労使関係論の特質

プルーラリズムへの批判

マルクス主義の立場から労使関係論の新展開をめざしているジョン・ケリーは、資源動員論(mobilization theory)――および長期波動論――の導入を提起した。

ケリーは、次の諸点でプルーラリズムを批判し、そのうえで資源動員論の導入を図ろうとする。第一は、プルーラリズムの労使関係論には、労働者の利益とは何かという分析がないことである。第二は、労働者、使用者、国家の権力(power)については、プルーラリズムの学者がその概念を議論し、経験的研究に用いていないことを批判する。

第三には、現代の資本主義国家の役割も軽視されていると批判する。法律、マクロ経済政策、使用者としての国家は議論されているが、重要なのは、国家と階級的利益との関係であり、資本蓄積との関係であるとのべる。

第四には、労使関係の本質的な性格はなにかについての議論が弱まり、「社会的パートナーシップ」論や、人的資源管理理論が席巻している状況を批判的に指摘する。[7]

そして、マルクス主義的な潮流は、本章で取り上げた、ニューレフト・マルクス主義のリチャード・ハイマンのとくに一九七〇年代の研究に代表されるもので、その主要な目標は、①労使関係論におけるプルーラリズムのイデオロギーを批判すること、②労使関係を資本と労働とのあいだの敵対的な関係として把握すること、③労働者の闘争の正当性を擁護することの三つであったと回顧している。[8]

そのうえでケリーは、資源動員論と長期波動論を労使関係論の再生のための基軸理論として提起するのである。なお、長期波動論というのは、コンドラチェフ波が労働者の闘争の周期性を説明しているというものであるが、ケリー自身の最近の回顧論文でその理論的な価値は疑問とされるとして、事実上、撤回している状況にあるため、[9]ここでは議論しないことにする。

ケリーは、『労使関係論再考』の執筆意図について、「マルクス主義理論の再構築の方法」と位置づけ、「資本主義、社会民主主義、労働組合官僚の抽象的な批判から労働者の集団主義、動員、再動員に関する中範囲の理論をめざしての移行[10]」であったとのべている。

ケリーがこうした「再考」をおこなうにいたるイギリス労働組合運動の現状と他の先進諸国と比較したときの労使関係の特徴を確認しておこう。

図表4―3―1　労働組合組織率と労働協約適用率（2018年）
――3つのパターン

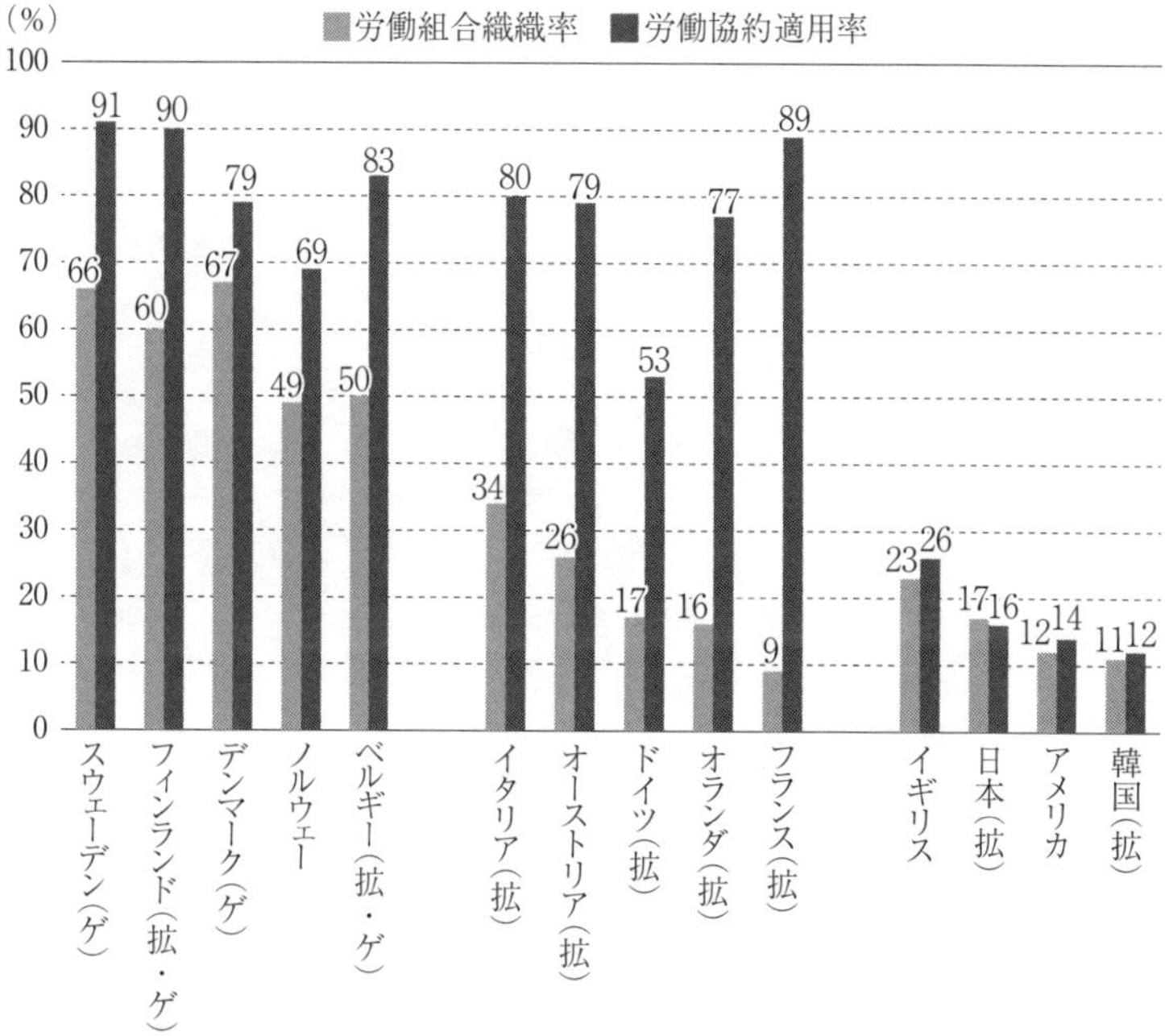

（出所）J.Visser,ICTWSS Database 2019の2018年時点のデータを中心に作成（ただし、欠けている場合は他の年、他の統計でも補完）。少数第一位を四捨五入。
「拡」は労働協約の拡張適用制度がある国。
「ゲ」はゲント・システム（公的な失業保険制度への労働組合の関与ないし労働組合を基盤とした失業保険制度とこれへの公的支援）のある国。

一九七九年以降のイギリス労使関係の大きな変化

一つは、団体交渉であるが、サッチャー政権の成立の翌年の一九八〇年で労働組合の組織率が五六％で労働協約の適用率も八三％であった。しかし、現状は二〇一八年時点で組合組織率が二三％で協約の適用率は二六％まで激減している。

先進諸国の組合組織率と協約適用率はさまざまであるが、大まかに言えば、三つのパターンにまとめることができる（図表4―3―1）。

一つは、組織率、協約適用率ともに高い北欧諸国である。組織率がゲント・システムの効果もあり、五〇％前後から六〇％台と高く、かつ協約の適用率は七〇％前後から九〇％前後までである。

二つめは、組合組織率自体は高いとはいえないが、使用者団体の組織率が高いことにより、あるいは協約の拡張適用制度があることによって適用率が高い大陸ヨーロッパ諸国である。これらの国々は、組織率はフランスの九％からイタリアの三四％であるが、協約の適用率は近年低下したドイツの五〇％台を除けば、八〇％前後から九〇％前後と極めて高くなっていて、労働市場の社会的な性格を維持している。

これらに対して、三つめは、組合組織率も協約適用率も、ともに低位にある諸国である。イギリスとアメリカという英語圏と、日本と韓国である（後者は協約の拡張適用制度をもっているのだが、そもそも企業の枠を超えた労使関係がほとんど構築できないことによって「宝の持ち腐れ」になっている国である）。ともかく、イギリスがこのグループに入っていることを確認できる。

図表4—3—2　イギリスの民間部門における賃金決定の方法の変化

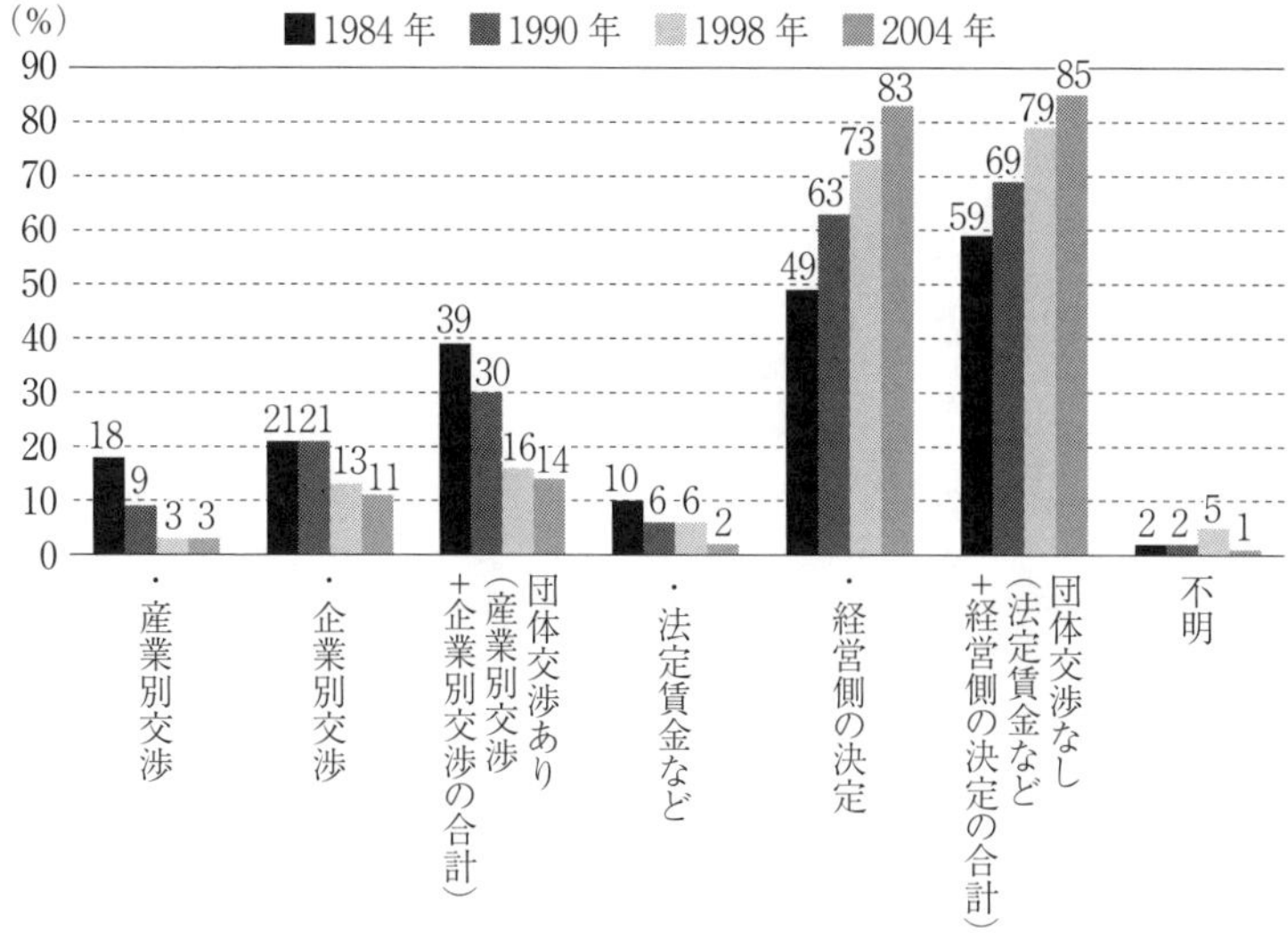

(出所) W. Brown et al., *The Evolution of the Modern Workplace*, Cambridge University Press, 2009, table 2.4.にもとづいて浅見和彦が作図。

さらに、近年イギリスの民間部門における団体交渉を見ると、産業別の交渉の縮小(一九八四年の一八%から二〇〇四年にはわずか三%へ)、また産業別交渉よりも企業別交渉による決定が多かった状況から企業別交渉自体も減少する事態(一九八四年の二一%から二〇〇四年の一一%へ半減)となっている。要するに、いずれの形態の団体交渉もおこなわれず、経営側による一方的な決定が八五%に上っているのである(図表4—3—2)。

資源動員論の導入

ケリーはこのような状況を見ながら「再考」し、資源動員論の導入にいたったわけである。

まず、資源動員論と呼ばれる理論には、

いくつかのヴァリアントがあるが[11]、ケリーの導入した理論は、主にアメリカの社会学者のチャールズ・ティリー（Charles Tilly）の政治過程論であり、その主著が『動員から革命へ』（一九七八年[12]）である（なお、日本語訳のタイトルは『政治変動論』になっている）。

ティリーは、集合行為の構成要素として、①主として一つの集団が他の集団とおこなう相互行為から生じる利益と損失をさす「利害」、②集団がその利害に沿って行動する能力を左右する集団構造である「組織」、③行動に必要な資源にたいする集合的なコントロールを集団が獲得するプロセスを意味する「動員」、④集団とその周囲の世界との関係をさす「機会」、⑤共通する利害を追求する人びとの団結した行為をさす「集合行為」の諸形態の五つを挙げている[13]。

ティリーがなぜこの五つの要素に分けて論じるのかといえば、マルクス主義への積極的な評価と同時に、次のような批判をもっているからである。

すなわち、「マルクス主義者は、集合行為の決定要因の中で、主に利害と組織に注意を向け、動員を論じる場合もあるが、機会を無視してしまうのが普通である」こと、そのため「ウェーバー主義者ほど、支配的な信念の体系が意味するものや運動の台頭と没落の過程に注意を払わない」ことである。他方、個人・集団の「意思決定過程の精緻なモデルという点では［ジョン・スチュアート・］ミル主義者にはおよばない」と評価している。

要するに、ティリー自身の分析の基本的な態度は、「あくまでも反デュルケム主義であり、断固として親マルクス主義であるが、ときにウェーバーも引き合いに出し、ミルにも依拠する[14]」というものであると総括している。

わけである。

「不正義・不公正」という労働者の意識の重視

ケリーは、こうしたティリーの資源動員論を「ミクロ・レベルの労使関係[15]」へと応用しようとするわけである。

その観点から、第一に、とくに「利害」を規定する要素として、①不正義、②主体、③アイデンティティ、④原因論の四つを指摘し、わけても「不正義・不公正の感覚・意識」(a sense of injustice)は、「マルクス主義が分析している、資本主義における搾取と支配」にたいする労働者の意識の反映であるととらえ、「資源動員論の観点からいえば、労使関係論の中核的な学問的課題となるのが不正義の受けとめられ方とこれへの反応である[16]」と主張している。

第二に、このことは定義のはっきりしない概念にもとづく〝個人主義か、集団主義か〟という議論をこえて、「いかにして個人が集団的なアクター――集団的組織を形成し維持し、またその使用者にたいする集団的行動に携わる意志と能力をもったアクター――になるのか[17]」を説明しうるとしているのである。未組織労働者、すなわち、完全にアトム化した労働者個人を想定しているのであろう。

それでは、ケリーの試みを、イギリスの研究者はどのように評価しているのであろうか。

のちに第5章で取り上げるマテリアリズムの立場にあるポール・エドワズは、ケリーによる資源動員論の導入を労使関係論における「オーソドックスなもの」と肯定的に評価している。

しかし、こうした肯定的な評価だけであるのは、少数にとどまっている。資源動員論を導入することの問題点を指摘するものが多いのである。

マルクス主義派による評価と批判

まず、マルクス主義の立場から実証的な研究を蓄積してきているグレガー・ゴール（Gregor Gall）は、ケリーの努力を評価する一方、ケリー自身の以前の著作の内容を発展させるという方法をとっていないこと、また新しい証拠や議論をともなっていないことなどを批判し、不満の残るものとなっていると論評している。[18]

「以前の著作」である『労働組合と社会主義政治闘争』（一九八八年）では、①マルクス主義者の労働組合論の古典的著作を検討し、②当時のイギリス労働運動における実践的な論争を理論的に論じていた。こうした議論とは切断された形で、資源動員論を労使関係論に援用していることを批判している。

同じく、マルクス主義の潮流に属するマウリジオ・アトジーニは、ケリーの試みを一定評価しつつも、一つは労働者の集団的な行動を導く理論ではなく、労働組合リーダーが未組織労働者を組織化するようなケースに該当する理論になっていると批判している。また第二には、労働者の「不正義」というとらえ方に依存しているという意味で主観主義的な傾向が強いと批判している。求められているのは、資本主義的な生産様式という構造から説明する概念化だと指摘している。[19]

本章の前節で取り上げた、マルクス主義の潮流に属するデイブ・リドンは、ウェッブ夫妻の『産業民主制論』や、フランダースの労働規制論を高く評価している。そのため――「資源動員論」に対する直接の批判ではないが――ケリーが一九九〇年代にいたってもなお「概念と理論における発展のおくれ[20]」があるとのべていることを批判し、むしろ、ウェッブや一九六〇年代、七〇年代に蓄積されてきた理論や概念が実証研究や歴史研究で用いられなくなっていることに警鐘をならしているのである。[21]

プルーラリズム、ネオ・プルーラリズムからの批判

一方、本書の第5章で検討するネオ・プルーラリズムを主唱するアッカーズは、ケリーの資源動員論の導入について、「旧式のマルクス主義的な立論」として退け、「階級意識の発展をめぐるレーニン主義的なモデルとマルクス主義的な危機論とを学術的に精緻化した解釈」にすぎないし、「マルクス主義的な集団主義の中核にあるのは、社会的な個人主義である」と厳しく批判する。そして、「このアプローチによって生み出された実践的な成功例がほとんどない[22]」と指摘する。

また、政治学におけるプルーラリズムの立場をとるロデリック・マーティン（Roderick Martin）は、労使関係における理論では、「シエーマティックになりすぎる危険はあるものの、理論的な志向は異なった分析のレベル、すなわち、個人、サブシステム、システムを代表している」ものとして、ミクロ・個人レベルは新古典派経済学の理論や合理的選択論、またサブ・システム（メゾ・レベル）は機能主義、そしてシステム（マクロ・レベルないし資本主義のシステム全体）はマルクス主義をあげて、資源動員論はこの三つのアプローチすべてに依拠することによって、統合しうる可能性を示唆しているとしている。

ティリー自身は、マーチンのいうように、政治過程論をミクロ、メゾ、マクロを貫く理論として捉えており、そのように展開しているにもかかわらず、ケリーはそれを「ミクロ・レベルの労使関係」にのみ応用しようとしているわけである。[23] そのため、マーチンからは、資源動員論によっては「使用者」や「使用者の具体的な戦略」との関係を捉えることができない、と指摘されている。[24]

資源動員論はマルクス主義的なのか

ケリーは、ティリーの資源動員論が労使関係における団体交渉構造や制度から労使関係の社会的なプロセスへと注目し直すことに貢献することを強調している。[25] しかし、筆者(浅見)自身は、以下の諸点でケリーの試みに批判・疑問を持つ。

第一に、資源動員論はその内部や、これと集合行動論との論争・批判において、マクロ理論とどのように接合するのかが問題とされてきた経緯があるなかで、[26] ケリーがミクロ・レベルの労使関係における「不正義の感覚・意識」の問題を「労使関係論における中核的な学問的課題」にまで高めようとするのは、いささかバランスを欠いているといわざるをえない。

また、第二に、ケリーは資源動員論の基礎理論と指摘されるマンカー・オルソン(Mancur Olson)の『集合行為論』[27] にたいしては、「個人主義的な前提」による「方法論的個人主義」であり、「自己利

図表4―3―3　イギリス労使関係論の4つの潮流――その理論のマッピング

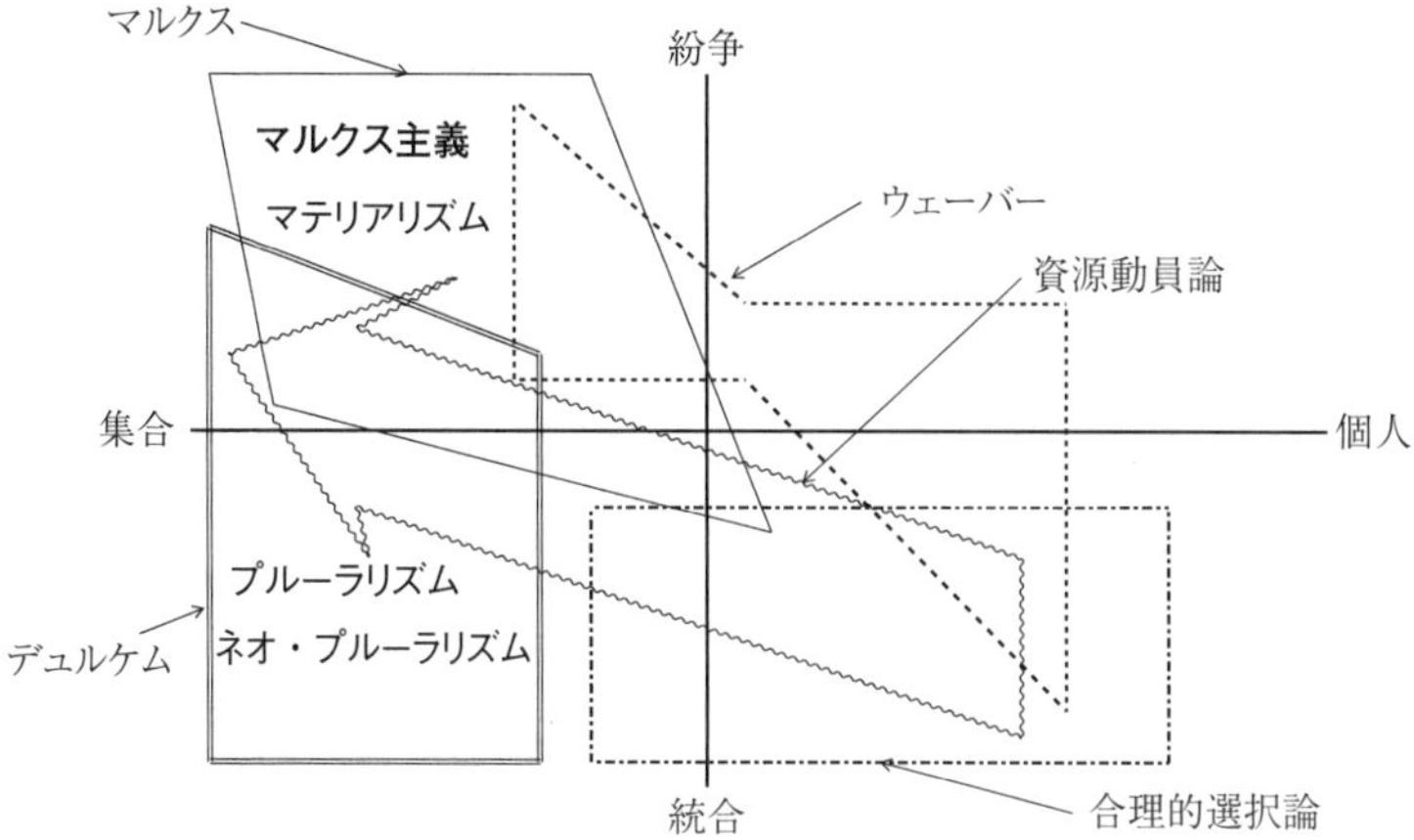

（注）浅見和彦が作成。

益をもった主体」が「効用にもとづく選好」を重視するものとして批判している。また、コリン・クラウチ（Colin Crouch）の『労働組合論――集合行為の論理[28]』についても、その「集合行為論」は、オルソンよりも精緻ではあるものの、「合理的選択論」の労働組合論への適用であると批判している。[29]しかしながら、先に見たように、ティリーの資源動員論は、ミクロにおける「意志決定過程の精緻なモデル」としてミルを評価しているのであり、ケリーが批判する集合行為論の方法論的個人主義や合理的選択論との相違を過大に評価することはできないように思われる（図表4―3―3）。

第三に、ケリーは資源動員論を導入することによって古典的な労働運動の衰滅を指摘するポストモダン理論への反論を企図したのであるが、資源動員論はむしろ労働運動以外の社会運動にたいする説明力をもたせようとしてきた[30]のであり、労働運動論さらには労使関係論としての議論がどのように可能なのかが問題とされるだろう。

ローザ・ルクセンブルクの動員論を積極的に評価していた

そもそも、マルクス主義の立場をとってきたケリーがいきなり、アメリカの社会学者のティリーの資源動員論を導入するというのは、ゴールがいうように「接ぎ木」のように見えるし、そこが謎である。これをどのように説明すべきであろうか。

一つは、あらためて、マルクス主義の古典にたいするケリーの読み方を振りかえると、解けるように思われる。前述の『労働組合と社会主義政治闘争』において、マルクス主義の古典のなかでは、ケリーはローザ・ルクセンブルクを最も評価しているからである。

「ストライキの波に関するルクセンブルグの理論は、政治的階級意識のダイナミクスの分析をする上で、マルクス主義者の中で最も説得力があり、洞察力に富んでいる」[31]とのべている。そして、ルクセンブルクが「労働者の動員」を強調していることを何度も指摘している。[32]一方、リチャード・ハイマンは、「ヨーロッパであろうが、アメリカであろうが、ルクセンブルクの『大衆ストライキ論』が今日の労働運動のガイドとして役に立つことはない」[33]と断じている。[34]

いま一つは、ケリー自身の専門領域に心理学があったことである。かれは、学部はシェフィールド大学の心理学部で学位を取得している。そして、パートナーのカロライン・ケリーは同じ勤務先大学で、心理学の教員であり、共同論文[35]を執筆し、カロラインは『集団行動の心理学』において、新自由主義の下での労働者の個人主義の強まりと集団主義の弱まりを指摘し、資源動員論を集団主義への有用な理論として取り上げていたのである。[36] こうした環境は、ジョン・ケリーが資源動員論にもとづく社会運動的労働運動の再生による労使関係論の再建を考えることは、「自然」であったとも思われるのである。

「人的資源管理の批判的研究を回避するもの」――エドワズによる批判

また、ケリーは、人的資源管理論は「使用者と国家の経済的・政治的優先課題」を反映したものであり、そうした「学問研究は特定の階級の利益への従属」であると非難している。[37] しかし、こうした議論は、実態としての人的資源管理とその批判的研究として成立しうる人的資源管理論とを混同するものであり、マルクス主義の側での学問的空白を放置することでしかないだろう。

また、この点に関して、マテリアリスト（唯物論派）のポール・エドワズも次のように同様な批判をしている。

「［人的資源管理によって労働者側の］同意を作り出さなければならないという使用者側の問題に論及することは、学問的な課題として使用者側の立場に立つことだといえるのか、その理由が明確ではない[38]」。

以上、マルクス主義の潮流に属する三人を取り上げたが、プルーラリズムが重視した制度への対応をめぐって理論的に分岐していた。しかし、いずれも古典的なマルクス主義には一定の距離をとっているという点に共通点を見いだせるのである。そのことの意味を考えなければならないだろう。

次章は、非マルクス主義の潮流による労使関係論の刷新の動きを取り上げる。一九六〇年代〜七〇年代のプルーラリズムの限界を確認しながらも、ネオ・プルーラリズム＝新しいプルーラリズムの展開をめざすピーター・アッカーズと、これに批判的でかつマルクス主義派とも一線を画するマテリアリズムと呼ばれる潮流のポール・エドワズの検討をおこなう。まずは前者から見ていく。

□　□　□

（1）　経歴については、主として、ケリーにバークベック・カレッジの名誉フェローの称号が授与されたときの'John Kelly's Oration'による。イギリス共産党員としての経歴もこのなかでのべられている。

（2）　John Kelly, *Trade Unions and Socialist Politics*, Verso, 1988, pp. 3-4.

（3）　私は、以前、ケリーが一九八八年結成のイギリス共産党（ＣＰＢ）のメンバーであると書いたことがあるが訂正する（『労働法律旬報』第一九四一号、二〇一九年、二九頁）。

（4）　Kelly, *Trade Unions and Socialist Politics*.

（5）　John Kelly, *Rethinking Industrial Relations: Mobilization, Collectivism and Long Waves*, Routledge,

1998.

(6) John Kelly, *Contemporary Trotskyism: Parties, Sects and Social Movements in Britain*, Routledge, 2018.

(7) Kelly, *Rethinking Industrial Relations*, pp. 6-15, 39-65.

(8) *Ibid.*, p.20.

(9) John Kelly, 'Rethinking Industrial Relations Revisited', *Economic and Industrial Democracy*, 39-4, 2018.

(10) *Ibid.*, p. 702.

(11) 片桐新自『社会運動の中範囲理論——資源動員論からの展開』東京大学出版会、一九九五年、一三～四二頁。

(12) Charles Tilly, *From Mobilization to Revolution*, Adison-Wesley, 1978. その日本語訳が、小林良彰ほか訳『政治変動論』芦書房、一九八四年。

(13) *Ibid.*, p. 7.

(14) *Ibid.*, p. 48.

(15) Kelly, *Rethinking Industrial Relations*, p. 2.

(16) *Ibid.*, pp. 64, 126.

(17) *Ibid.*, p. 38.

(18) Gregor Gall, 'What Is to Be Done with Organised Labour?: John Kelly, Rethinking Industrial Relations: Mobilization, Collectivism and Long Waves', *Historical Materialism: Research in Critical Marxist Theory*, 5, 1999.

(19) Maurizio Atzeni, 'Searching for Injustice and Finding Solidarity?: A Contribution to the Mobilisation Theory', *Industrial Relations Journal*, 40-1, January 2009.

（20） Kelly, *Rethinking Industrial Relations*, p. 23.

（21） Dave Lyddon, 'History and Industrial Relations', in Peter Ackers and Adrian Wilkinson (eds.), *Understanding Work and Employment: Industrial Relations in Transition*, Oxford University Press, 2003, p. 104.

（22） Peter Ackers, 'Neo-Pluralism: As a Research Approach', in Keith Townsend et al., *Elgar Introduction to the Theories of Human Resource Management and Employment Relations*, Elgar, 2019, p. 41.

（23） Kelly, *Rethinking Industrial Relations*, pp. 2, 38, 127.

（24） Roderick Martin, 'Mobilization Theory: A New Paradigm of Industrial Relations?', *Human Relations*, 52-9, 1999.

（25） Kelly, *Rethinking Industrial Relations*, p. 38.

（26） 片桐、前掲書、三七～三八頁。

（27） Mancur Olson, *The Logic of Collective Action*, Harvard University Press, 1965. その日本語訳が、依田博ほか訳『集合行為論』ミネルヴァ書房、一九八三年である。

（28） Colin Crouch, *Trade Unions: The Logic of Collective Action*, Fontana, 1982.

（29） Kelly, *Rethinking Industrial Relations*, pp. 2, 67, 80-81.

（30） 片桐、前掲書、三七～三八頁。

（31） Kelly, *Trade Union and Socialist Politics*, p. 295.

（32） *Ibid.*, pp. 294-295.

（33） Richard Hyman, 'Union Renewal: A View from Europe', *Labor History*, 2004, 45- 3. pp. 333-382.を参照。

（34） ケリーやハイマンがいうローザ・ルクセンブルクの大衆ストライキ論というのは、「大衆ストライキ・

党および労働組合」という論文を指していて、以下に収録されている。『ローザ・ルクセンブルグ選集　第二巻（一九〇五—一九一一）』現代思潮社、一九六九年。

（35） John Kelly and Caroline Kelly, 'Them and Us: Social Psychology and the New Industrial Relations', *British Journal of Industrial Relations*, 29-1, March 1991.

（36） Caroline Kelly and Sara Breinlinger, *The Psychology of Collective Action: Identity, Injustice and Gender*, Taylor and Francis, 1996, pp. 9-14.

（37） Kelly, *Rethinking Industrial Relations*, p. 131.

（38） Paul Edwards, 'Future of Industrial Relations', in Ackers and Wilkinson (eds.), *Understanding Work and Employment*, p. 341.

●コラム⑭

労働組合の左派役員――共産党の衰退後、トロツキストが台頭

一九八〇年代以降、労働組合のなかで共産党の勢力衰退とトロツキストの台頭がおこった。一九四四年結成の革命的共産党（ＲＣＰ）が戦後、三つの主な潮流として分裂し、いずれも労働党への加入戦術によって活動したが、その後、各々独立する。一つは、五〇年にトニー・クリフを中心にソシアリスト・レビュー・グループとして結成され、六〇年代にインターナショナル・ソシアリスツに改称した潮流である。知識人・学生のあいだで有力になり、七七年に社会主義労働者党（ＳＷＰ）に改組し、現在、約六〇〇〇人を擁している。二つめは、テッド・グラントをリーダーとし、六四年に「ミリタント」紙を創刊、労働党内で国会議員二名を擁した潮流である。九〇年代初頭の人頭税反対運動で勢力を拡大し、九七年にはグラントを排除したピーター・ターフらの多数派が社会主義党（ＳＰ）を結成し、現在は約二〇〇〇人である。三つめのジェリー・ヒーリーを指導者とした潮流は、五九年に社会主義労働同盟（ＳＬＬ）を結成し、七三年に労働者革命党（ＷＲＰ）に改組した。自動車産業と映画産業の労働組合を拠点にして、日刊紙も発行していたが、ヒーリーのカルト支配が原因で八五年に崩壊した。

現在、労働組合運動は後退し、職場の活動家層も厚みがあるとはいえないが、主要組合の中央執行委員（中執）には五六人ものトロツキストがいて、不釣り合いに多く、無視できない。

最大組合のＵｎｉｔｅ（一二一万人）の中執にはＳＷＰ一人とカウンターファイヤー（ＳＷＰから分裂）一人の計二人がいるだけだが、二番目のＵＮＩＳＯＮ（公務公共、一一六万人）の中執には、ＳＰ六人とＳＷＰ四人の計一〇人がいる。また、教員組合（ＮＥＵ、四五万人）も四五人の中執のうちＳＰ四人、ＳＷＰ三人、労働者解放同盟（ＡＷＬ）二人の計九人がいる。公共・民間サービス労組（ＰＣＳ、一八万人）は三七人の中執のうちＳＰが七人、ＳＷＰが三人の計一〇人を占める。大学教職員組合（ＵＣＵ、一二万人）にいたっては、六四人のうち一五人をＳＷＰが占めている。[1]

さらに、中執だけでなく、トップの役職にも進出している。小売・流通関連労組（ＵＳＤＡＷ、四三万人）の女性委員長もＳＰのメンバーである。前出の公共・民間サービス労組（ＰＣＳ）の書記長は元ＡＷＬメンバーで、前書記次長はＳＰの党員であった。

皮肉なことに、かつて、「組合官僚VS一般組合員」という図式で職場活動を強調し、組合役員を官僚主義として批判してきたＳＷＰも一〇年ほど前からこれを事実上撤回している。

（1）　John Kelly, *Contemporary Trotskyism: Parties, Sects and Social Movements in Britain*, Routledge, 2018, chap. 9 を参照。

第5章

労使関係論の刷新II

――ネオ・プルーラリズムとマテリアリズム(二〇〇〇年代以降)

第5章のポイント

○二一世紀に入ってからの労使関係論におけるプルーラリズムの再生と論争を扱う。

○イギリス共産党内部のユーロ・コミュニズム派として出発しながらも、ニューレーバーの「第三の道」を評価し、七〇年代のプルーラリズムを批判的に回顧し、二〇〇〇年代初頭に「ネオ・プルーラリズム」という立場を提唱するに至るのがピーター・アッカーズである。

○一方、そのアッカーズのなかにみられるラディカリズムへの懐疑論を分析レベルの混同であるとして厳しく批判するのがポール・エドワズである。エドワズは他方で、マルクス主義派とも一線を画し、「労資の構造的敵対」論を提出し、分析と処方箋の分離を主張するマテリアリズム（唯物論派）と呼ばれる潮流に属している。

○依然として諸潮流のあいだでの独自の見解による相違を残し、論争がおこなわれながらも、イギリスの労使関係論には共通の基盤が形成されてきているとみることができる。つまり、労使関係論の一定の成熟化が生じているのである。

1　ネオ・プルーラリズムの提唱――ピーター・アッカーズ

この章では、マルクス主義の潮流、とくにケリーの見解を厳しく批判し、プルーラリズムの再生＝新しいプルーラリズムを提唱するピーター・アッカーズ（Peter Ackers）と、そのアッカーズを厳しく批判するマテリアリズムのポール・エドワズの見解をみていきたい。

それでは、アッカーズからみていこう。

(1)　人物と著作

アッカーズは、オックスフォード大学を卒業後、ウォーリック大学の大学院で修士号を、またウォルバーハンプトン大学で博士号を取得している。一九九一年から二〇一五年まで、ラフバラ大学（Loughborough University）で労使関係論と労働史の講師、教授を務め、その後、二年間、デ・モントフォート大学（De Montfort University）の研究教授に転じて、二〇一七年に退職している。現在はラフバラ大学の労使関係史の名誉教授である。

ユーロ・コミュニズムからニューレーバーへ

アッカーズは、もともとイギリス共産党（CPGB）の党員で、同党のミッドランズ地区レミントン・スパ支部に所属していた。

一九八〇年代前半における同党内でのユーロ・コミュニズム派と伝統的マルクス主義派との抗争のなかで、アッカーズは前者の理論的な影響を受けた（コラム⑮を参照）。かれは、「一九八〇年代初期、ユーロ・コミュニズムは労使関係論を含めて社会主義的な思想・戦略の発展のための重要なフォーラムになった」[1]とのべている（同じ時期に、ジョン・ケリーは、一時、ユーロ・コミュニズム派の立場にたつが、その後、批判に転じたことは第4章で見た）。

そして、「伝統的マルクス主義の労使関係論では、労働組合と社会民主主義的な価値観の道徳的・政治的な危機をリアルにつかむことができない」と指摘する一方、「フランダースのようなイギリス労使関係論におけるプルーラリズムは、こうした労使関係論における道徳的・政治的な次元の意義を理解していた」[2]と評価している。

こうして、アッカーズは、「一九八七年以降、労働党主流であり、同党の現代化を進めるグループに加わり、社会民主主義的なプルーラリズムの思想を発展させてきた」[3]のである。

アッカーズは、穏健派の労働組合役員と労使関係論などの研究者のグループである「歴史と政策」の運営委員を務めている。

こうしたアッカーズの経歴は、共産党員としての活動を経て政治学におけるプルーラリズムの発想から労使関係論におけるプルーラリズムの代表者になったクレッグの経歴を彷彿させるものがある。

著作──五つの分野

アッカーズの研究の主な領域は、次のような五つの分野にわたっている。

第一は、イギリス労使関係論の歴史研究である。アドリアン・ウィルキンソンとの共著論文の「イギリス労使関係論の伝統──形成・崩壊・再建[4]」が代表的である。

第二は、そのイギリス労使関係論のなかでも、プルーラリズムの代表者であるクレッグの学説についての研究である。「産業民主主義としての団体交渉──ヒュー・クレッグとイギリス労使関係論におけるプルーラリズムの政治的基礎[5]」、「イギリス労使関係システムの変化　一九五四〜七九年──ヒュー・クレッグとウォーリック学派の社会学的転換[6]」、「自由な団体交渉と所得政策──戦後イギリス労使関係と賃金の不平等をめぐるクレッグとバーバラ・ウートンの見解から学ぶ[7]」などがある。

第三に、労使関係論におけるプルーラリズムの再生をはかるために、ネオ・プルーラリズムの提唱をおこなった「雇用関係論の再構成──ネオ・プルーラリズムの提唱[8]」である。

第四は、労働運動の「穏健派」についての歴史研究である。従来のイギリス労働運動史の解釈が左派＝「国家社会主義」派を中心としたものであったと批判した共編著の『イギリスの国家社会主義へのオルタナティブ──二〇世紀におけるもう一つの労働世界[9]』がある。

第五は、従業員参加、労使パートナーシップ論の現状に関する研究であり、同じく共編著の『職場

図表5—1—1　ネオ・プルーラリズムの基礎 Foundations of Neo-pluralism

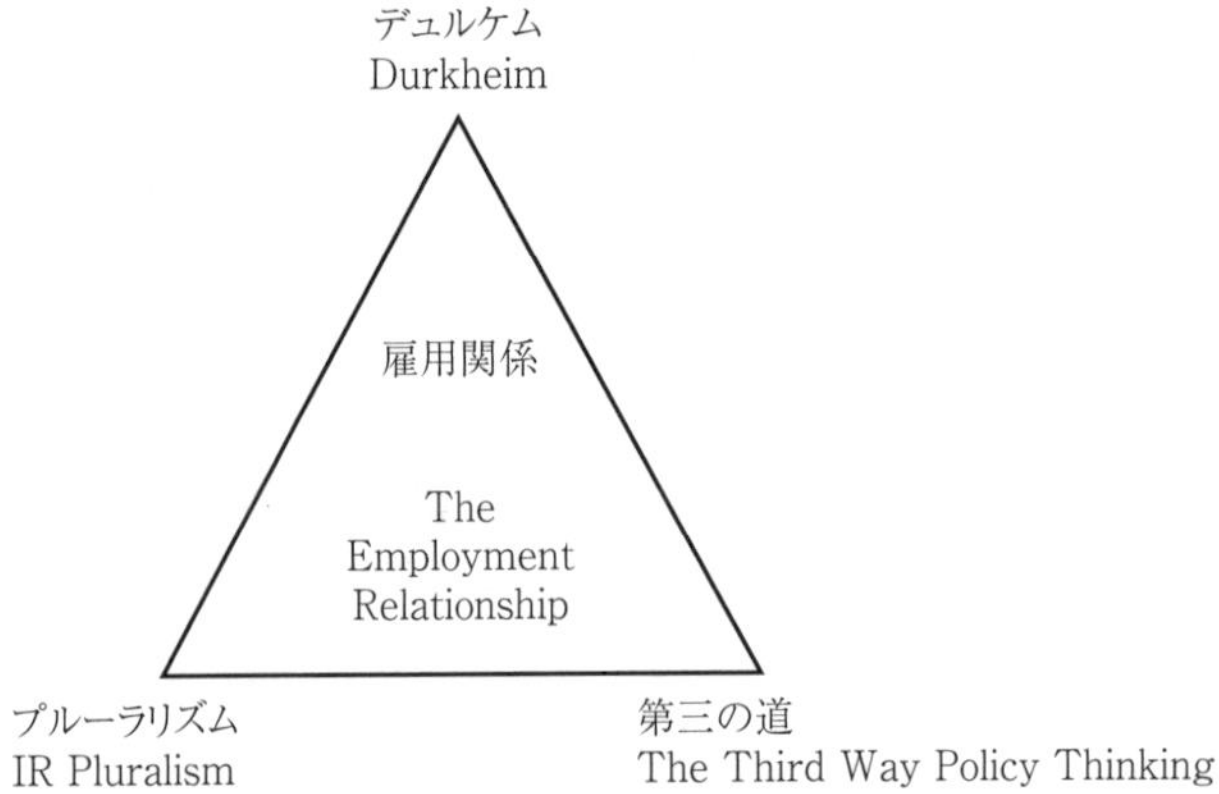

（出所）P. Ackers, 'Reframing Employment Relations: The Case For Neo-Pluralism', *Industrial Relations Journal*, 33-1, 2002, p.3.

における発言の発見？——雇用関係への新しい視座[10]』を刊行している。また、「専門職団体としての労働組合論」という議論を展開している。

(2)　アッカーズの労使関係論の特質

ここでは、イギリス労使関係論におけるプルーラリズムの再生のために、ネオ・プルーラリズム（neo-pluralism）を提唱した「雇用関係論の再構成——ネオ・プルーラリズムの提唱[11]」を中心にみていくことにする（図表5—1—1を参照）。

ネオ・プルーラリズムの提唱

アッカーズのネオ・プルーラリズムは、第一に、プルーラリズムのデュルケム主義——とくにフランダースの議論——を評価しているところに特徴がある。そして、マルクス主義への批判を念頭に、「利害にたいしては社会的な価値を、また対立にたいしては協力を、権力関係にたいしては信頼を強調するのがネオ・プルーラリズムの精神である」として、社会科学への「倫理観（ethics）」をあらためて導入すべきだと強調している。

第二に、従来の労使関係論の対象が、職場を中心としたものであったこと、とくに製造業の男性労働者を中心にしたものであったことを、「反社会的性格」をもっていたとつよく批判し、労働と社会の関係へと拡大すべきだと主張する。

第三に、プルーラリズムにたいするマルクス主義からの批判の中心点であった、プルーラリズムにおける制度論について、その制度重視は当然のことであると擁護している（すでに見てきたように、マルクス主義的潮流のなかでも、ハイマンは制度批判から制度の容認へ変化しているし、リドンもフランダースを積極的に評価することによって事実上、制度の意義を認めている。ケリーのみが制度批判の立場から社会運動論＝資源動員論の導入を提唱している）。

第四には、デュルケムのいう有機的連帯の担い手としての労働組合の役割を重視し、「労働組合員の減少は職場における『代表制のギャップ』を生みだすし、地域のコミュニティから社会統合の資源を奪うだけでなく、民主主義社会の構造を弱体化させるものである」と指摘している。

第五に、アッカーズは、一九六〇年代、七〇年代におけるプルーラリズムとマルクス主義との接近＝合体の事実を認める。すなわち、当初、イギリスにおける「労使関係論のプルーラリズムは、社会統合の機能主義的な理論を提起した」のだが、「その後のプルーラリズムが、職場の労使紛争の『リアリスティックな』記述へと変質し、唯物論的でマルクス主義的な紛争理論と事実上、合体してしま

図表5―1―2　1970年代のプルーラリズムとネオ・プルーラリズムの比較 1970s Pluralism and Neo-Pluralism Compared

1970年代のプルーラリズム	ネオ・プルーラリズム
利害 Interests	利害と価値観 Interests and Values
職場における対立と経済秩序 Workplace Conflict and Economic Order	社会の分裂と社会の連帯 Social Breakdown and Social Cohesion
労働組合と団体交渉 Trade Union and Collective Bargaining	モラル・コミュニティと社会制度 Moral Communities and Social Institutions
労働運動の前進 The Forward March of Labour	市民社会と民主的権利 Civil Society and Democratic Rights
コントロールのフロンティア The Frontier of Control	関係資本主義とステークホールディング Relationship Capitalism and Stakeholding
共同規制 Joint Regulation	倫理的雇用規制 Ethical Employment Regulation

（出所）P. Ackers, 'Reframing Employment Relations: The Case For Neo-Pluralism', *Industrial Relations Journal*, 33-1, 2002, p.6.

うところまで行き着いて、この「社会統合的な」特質は失われてしまったのである」と指摘している。

そのことへのアッカーズの評価は、第2章でみたように、クレッグがマルクス主義者とプルーラリストの主張に大きな差はないとして、両者の接近を積極的に評価したこととは正反対のものである。そのため、アッカーズは社会統合的な本来のプルーラリズムの再興＝「ネオ・プルーラリズム」を提唱するわけである（図表5―1―2）。

結論的にいえば、アッカーズによると、今日における雇用関係論（労使関係論）の定義は、「雇用関係および企業が社会におけるる他のステークホルダー（stakeholders）とのあいだでおこなう相互行為の規範的な規制にかかわる社会制度の研究[12]」というものである。

「雇用関係」の規制はもちろんだが、「企業」と「社会における他のステークホルダー」との関係の規制を研究対象にしている。従来の労使関係論に比べて、「企業」と「社会」へ対象を拡大していることがわかる。

ケリーによる資源動員論の導入への批判——「レーニン主義の学術的な精緻化」

アッカーズはこうした立場から、第4章で取り上げたマルクス主義の潮流に属するジョン・ケリーによる労使関係論への資源動員論の導入について、「旧式のマルクス主義的な立論」として退け、「階級意識の発展をめぐるレーニン主義的なモデルとマルクス主義的な危機論［＝長期波動論］とを学術的に精緻化した解釈」にすぎないし、「マルクス主義的な集団主義の中核にあるのは、社会的な個人主義である」[13]と批判する（図表5―1―3）。「社会的な個人主義」といっているのは、ケリーが依拠するアメリカの社会学者であるチャールズ・ティリーの資源動員論が「個人」を理論上の出発点にしていることを指している。

ケリー自身も一時期、ユーロ・コミュニズムに接近したのち、伝統派に復帰したことは、すでに紹介しておいた。アッカーズは、一九八四年、八五年にケリーが共産党の月刊誌『マルクシズム・トゥデー』に執筆した論文——スウェーデン社会民主主義の評価や、炭鉱労組（NUM）のマス・ピケッティングへの批判——はユーロ・コミュニズムの政治的思考と一致していた、とのべている。しかし、

図表5—1—3　マルクス主義（ジョン・ケリー）とネオ・プルーラリズムの比較 Kelly's Marxism and Neo-Pluralism Compared

労使関係のパラダイム	マルクス主義	ネオ・プルーラリズム
望ましい社会 Good Society	社会主義 Socialism	社会的市場型資本主義と自由民主主義 Social Market Capitalism and Liberal Democracy
戦略 Strategy	労働者の動員と資本主義の危機 Worker Mobilisation and Capitalist Crisis	社会的規制とパートナーシップ Social Regulation and Partnership
戦術 Tactics	賃金闘争の戦闘性、ストライキ Economic Militancy, Strike	ステークホルダー間の協議、従業員参加、統合型の交渉 Stakeholder Consultation, Employee Involvement and Integrative Bargaining
権力資源 Power Source	組織労働者 Organised Labour	欧州連合、イギリス国家、労働組合、世論、進歩的な使用者・経営者 EU, UK State, Unions, Public Opinion, Enlightened Employers and Managers

（出所）P. Ackers, 'Reframing Employment Relations: The Case For Neo-Pluralism,' *Industrial Relations Journal*, 33-1, 2002, p.14.

一九八八年の『労働組合と社会主義政治闘争』は経済闘争の戦闘性の重視と労使パートナーシップへの反対という正統派マルクス主義の労使関係観に戻っている、と指摘している[14]。ケリーの資源動員論への批判は「元同志」への批判ということになる。

マテリアリストからの批判——「分析レベルの混同と対象の拡散」

他方、第5章の次節で取り上げるマテリアリスト（唯物論派）のポール・エドワズは、「ラディカル・プルーラリズムの四〇年間は時間の無駄だったのか？[15]」と題した論文において、アッカーズの

「中心的な問題点は、分析のレベルを混同していることにある」と次のように厳しく批判している。「[アッカーズは]ラディカル派やマルクス主義的なインスピレーションによる研究を消し去ってしまおうとしている」と反発し、労使関係の「分析を直接的で経験的に検証できるものに限定しようとしている」と批判しているのである。

エドワズによると、労使関係における対立は、現実に表面化する場合と、現実に表面化しなくとも理論のレベルでとらえられるものがある、という。

『職場における対立』というのは二つのことを意味している。一つは、公然たる対立であり、いま一つは、それよりも深い利害の対立である」として、二つのレベルを区別すべきだ、とのべている。労使の対立や衝突がストライキなどの形態で表面化しないからといって、労使のあいだに利害の一致があるとは言えない、と主張しているのである。

「真面目な学者であれば誰でも認めるように、[直接的・経験的なレベルで]公然たる対立がないということは、[労使のあいだで]目的の一致や共有があることを意味しているわけではない」「唯物論は、職場における具体的な経験によって雇用関係の根本的な特徴が全部判るなどとは主張しない。[労使関係の]具体的なレベルでの対立が通常の姿だなどとは主張しないし、また仮定もしない」「マルクス自身も、協力が[労使関係の]基軸になっていることを[『資本論』第一巻第一三章で]認めている」とのべている。

「もしわれわれがアッカーズのいうことに従い、労使関係論をネオ・プルーラリズムのいう範囲に狭めてしまえば、「労使関係の基礎にある」資本主義をシステムとして理解する努力との結びつきを捨ててしまうことになる」と主張するのである。

また、もう一つの問題として、アッカーズが労使関係論の対象を「社会との関係」にも広げるべきだとしていることにたいして、「確かに労使関係を社会の他の側面と結びつけることは必要であるのは事実であるし、労使関係の動きは広い社会問題と結びついているだろう。しかしアプローチを広げるということは、「労使関係論としての」全体のまとまりを失うことになる危険性を伴う」と指摘して、これも批判している。

アッカーズの反論

エドワズの批判にたいして、アッカーズは、次のように反論している。

労使関係論の教科書が雇用関係から出発するようになり、そしてエドワズの雇用関係＝構造的敵対論が基本概念になっていることにたいして、「構造的敵対という概念は、労使関係研究の枠組みをかなり狭めている」と批判している。なぜなら、エドワズが「雇用関係における「労使のあいだの」力の不均衡について具体的な議論をまったくしていない」からであると指摘している。つまり、「理論」の問題で議論をしているだけだという。

「根底にある問題は、エドワズがただ単に経営者と従業員との対立の可能性を確認することを越えて、なんとかして、『対立こそ正常で、協力は異常』という願望を雇用関係に結びつけようとしていることにある――これは人々が仕事で経験する常識をひっくり返すものである。同時に、かれは協力へと進んでいく、さまざまな力を過小評価し、また［労使のあいだだけでなく］従業員の集団同士のなかにある対立関係を軽視している[16]」とのべている。

□　□　□

次の節では、アッカーズを批判するマテリアリスト（唯物論派）のポール・エドワズの労使関係論を検討する。

（1）　Peter Ackers, 'Gramsci at the Miners' Strike: Remembering the 1984-1985 Eurocommunist Alternative Industrial Relations Strategy', *Labor History*, 55-2, 2014, p. 166.

（2）　*Ibid.*, p. 168.

（3）　*Ibid.*, p. 152

（4）　Peter Ackers and Adrian Wilkinson, 'Introduction: The British Industrial Relations Tradition – Formation, Breakdown, and Salvage' in Peter Ackers and Adrian Wilkinson (eds.), *Understanding Work and Employment: Industrial Relations in Transition*, Oxford University Press, 2003. この論文の要約改訂版が以下のものである。Peter Ackers and Adrian Wilkinson, 'British Industrial Relations Paradigm: A Critical Outline History and Prognosis', *Journal of Industrial Relations*, 47-4, December 2005.

(5) Peter Ackers, 'Collective Bargaining as Industrial Democracy: Hugh Clegg and Political Foundation of British Industrial Relations Pluralism', *British Journal of Industrial Relations*, March 2007.

(6) Peter Ackers, 'The Changing System of British Industrial Relations, 1954-79: Hugh Clegg and the Warwick Sociological Turn', *British Journal of Industrial Relations*, 49-2, 2011.

(7) Peter Ackers Free Collective Bargaining and Incomes Policy: Learning from Barbara Wootton and Hugh Clegg on the Post-War British Industrial Relations and Wage Inequality, *Industrial Relations Journal*, 47-5-6, November 2016.

(8) Peter Ackers, 'Reframing Employment Relations: The Case for Neo-Pluralism', *Industrial Relations Journal*, 33-1. 2002.

(9) Peter Ackers and Alastair Reid (eds.), *Alternatives to State-Socialism in Britain: Other Worlds of Labour in the Twentieth Century*, Palgrave, 2016.

(10) Peter Ackers and Stewart Johnstone (eds.), *Finding a Voice at Work?: New Perspectives on Employment Relations*, Oxford University Press, 2015.

(11) Ackers, 'Reframing Employment Relations'.

(12) *Ibid*., p. 18.

(13) *Ibid*., p. 5. アッカーズは、ケリーの議論を「レーニン主義」として批判しているが、ケリーはむしろ「ローザ・ルクセンブルク主義」である。本書の二二四頁を参照。

(14) Ackers, 'Gramsci at the Miners' Strike', p. 170.

(15) Paul Edwards, 'Were the 40 Years of "Radical Pluralism" a Waste of Time?: A Response to Peter Ackers and Patrick McGovern', *Warwick Papers in Industrial Relations*, no. 99, June 2014.

(16) Peter Ackers, 'Rethinking the Employment Relationship: A Neo-Pluralist Critique of British Industrial Relations Orthodoxy', *The International Journal of Human Resource Management*, 25-18, 2014, p. 2616.

●コラム⑮

イギリス共産党の終焉――内部抗争の激化による破局

一九二〇～二一年に社会主義者、サンジカリスト、ギルド社会主義者（第1章を参照）らを糾合して結成されたイギリス共産党（ＣＰＧＢ）は、第二次大戦中の四二年に五万六〇〇〇人でピークに達し、四五年の総選挙では単純小選挙区制にもかかわらず二議席を獲得した。

戦後は居住地域支部だけでなく、工場支部を組織して、職場を重視した組合活動を強化した。五六年のスターリン批判とハンガリー事件を契機に党勢が下降したが、六〇年代後半の労働組合運動の高揚期には三万人超を数えた。六六年には労働組合擁護連絡委員会（ＬＣＤＴＵ）を組織し、政府の所得政策と労働組合への法的規制に反対した。またバート・ラメルソン労働組合対策部長（一九六五～七八年在任）の指導の下で、党内外の左派組合役員の結集に努め、「統一左翼」を形成し、そこを基盤に全国組合の専従役員に就く党員も増えた。戦前の戦略であったランク・アンド・ファイリズムと決別し、「革命的プラグマティズム」が奏功した。

一方、党内では、最年少の執行委員のマーチン・ジャックスが党の月刊誌『マルクシズム・トゥデー』の編集長として、いわゆるユーロ・コミュニズム路線を打ち出し、正統派の拠点である労働組合と職場委員の活動を攻撃した。七七年の綱領改定もこの路線によるものであった。

八〇年代には、正統派とユーロ・コミュニズム派の内部抗争が激化する。正統派は、事実上の党機関紙である「モーニング・スター」（日刊）が生産協同組合によって製作されていることから、その経営委員会を掌握して勢力を結集し、論陣を張って対抗した。しかし、書記長のゴードン・マクレナンが、ジャックスに党の将来を託したことから、正統派の拠点であった機関専従者や組合活動家のあいだにも同調者を生み出し、ユーロ・コミュニズム派が台頭した。八八年には『マルクシズム・トゥデー』は一万五六〇〇部を売り上げ、労働党内のニューレーバー派との共鳴関係も生まれた（第5章を参照）。その一方、党員数は大幅に減少していった。

そして、結局、九一年の党大会で解党を決議する。[1] このとき、約四七〇〇人で、うち約一三〇〇人が民主左翼（DL）を結成したが、ジャックスは一般紙（自由民主党系）の「インディペンデント」の編集局次長に転身した。他方、離党した正統派を中心に八八年に結成された別のイギリス共産党（CPB）は、現在、約七〇〇人にすぎず、「モーニング・スター」も数千部で低迷している。

解党後、CPGBは一九五七年から七九年にかけて、ソ連共産党から資金援助を受けていたことが明らかになっている。一方、DLもすでに消滅し、現在は別団体に改組されている。

（1） CPGBの通史として、Willie Thompson, *British Communism 1920-1991*, Pluto Press, 1992. この著者自身は「解党派」である。

2 マテリアリズムの構造的敵対論——ポール・エドワズ

この節は、プルーラリズム、ネオ・プルーラリズムを批判すると同時に、マルクス主義とも異なるマテリアリズム（materialism, 唯物論）という立場から、労使関係論を展開するポール・エドワズ（Paul Edwards, 一九五二年〜）の議論を検討する。

(1) 人物と著作

ラディカル・アカデミック

ポール・エドワズは、一九五二年生まれで、一九八八年以降、二〇〇二年まで、ウォーリック大学の労使関係研究所の副所長、所長、同大学のビジネス・スクールの副学部長を経て、二〇一一年まで、同大学の労使関係論の教授を務めた。

二〇一一年以降、バーミンガム大学に移り、二〇一六年から現在まで、バーミンガム大学のビジネス・スクールの雇用関係論の教授である。

ラディカル社会学のジャーナル『労働・雇用・社会』の編集の仕事にも就いた。

本書で取り上げている学者の半数は故人で、残りの人も大学の名誉教授、名誉フェローであるので、唯一の「現役」ということになる。

著作――五つの領域

エドワズの主な研究領域は、一つは労使関係論の理論である。代表的な著作が、『職場における対立――職場関係の唯物論的分析』（一九八六年）である。[1] この著作で、あとで見る「労資（労使）の構造的敵対論」を確立した。

第二が、労使関係論のテキストブックの編著者としての仕事である。『労使関係論――理論と実践』（一九九五年、二〇〇三年）[2]がある（近年は「労使関係論」というタイトルがついたテキストブックは少なくなっていて、「雇用関係論」というタイトルが多くなっている。図表5―2―1を参照）。エドワズの「構造的敵対論」がこの二〇〇三年版のテキストブックで労使関係論の出発点としての地位を確立することになる。

第三は、実証的な調査・研究で、ストライキ、職場の労使紛争、事業所段階の労務管理など多様な領域にわたっている。[3] 最近は中小企業の労使関係やエスニック・マイノリティのビジネスの調査研究もおこなっている。

第四は、前節で見たピーター・アッカーズが主唱するネオ・プルーラリズムにたいする批判である。「ラディカル・プルーラリズムの四〇年は時間の無駄にすぎなかったのか？」[4]という論文がその批判をまとった形で示している。

図表5—2—1　労使関係論から雇用関係論へ——教科書のタイトルの変化

INDUSTRIAL RELATIONS （労使関係論）	EMPLOYMENT RELATIONS/ EMPLOYEE RELATIONS （雇用関係論）
Bain, G. S., *Industrial Relations in Britain* 1983	Blyton, P. and Turnbull, P *The Dynamics of Employee Relations* 1994, 1998, 2004
Clegg, H. A., *The Changing System of Industrial Relations in Great Britain* （1954, 1970, 1972, 1976） 1979	Farnham, D. *Employment Relations in Context* 2000
Edwards, P. （ed.）, *Industrial Relations* 1995, 2003 （2010）	Gennard, J and Judge, G. *Employee Relations* 1997, 1999, 2002, 2005
Farnham, D. and Pimlott, J., *Understanding Industrial Relations* 1979, 1983, 1986, 1990, 1995	Hollinshead, G., Nicholls, P. and Tailby, S. *Employee Relations* 1999, 2003
Gospel H. F. and Palmer, G., *British Industrial Relations* 1983, 1993	Rose, E. *Employment Relations* 2001, 2004, 2008
Hyman, R., *Industrial Relations：A Marxist Introduction* 1975	Williams, S., *Introducing Employment Relations：A Critical Approach* （2005） 2010, 2014
Jackson, M., *An Introduction to Industrial Relations* 1991	
Kesseler, S. and Bayliss, F., *Contemporary British Industrial Relations* 1992, 1995, 1998	
Salamon, M., *Industrial Relations：Theory and Practice* 1987, 1992, 2000	

（注）数字は、初版と改訂版の発行年。（　　）は、書名が一部異なる場合や編著者が異なる場合の発行年を示す。浅見和彦が作成。

第五に、最近は社会科学の方法論について盛んに議論を展開している。具体的には、批判的実在論（critical realism）と労使関係論との結びつきを重視した研究を公表している。[5]

⑵　エドワズの労使関係論の特質

エドワズは自らの立場を「唯物論」としている。プルーラリズム、ネオ・プルーラリズムとは異なることは明らかであるが、マルクス主義とはどのように違うのであろうか。

唯物論とマルクス主義とはどう違うのか

エドワズは、「マルクス主義者は必ず唯物論者でなければならないが、唯物論者は必ずしもマルクス主義者になるわけではない[6]」と述べている。

つまり、マルクス主義者よりも唯物論者の範囲が広い、と言っている。だから、エドワズ自身は、自分はマルクス主義者ではないが、唯物論者である、と考えているのである。

「要するに、唯物論の理論は、マルクス主義の思想に一部に依拠しているけれども、他方、マルクス主義の理論そのものではない」と主張している。

エドワズによると、「唯物論的なアプローチは明らかに非マルクス主義的な社会研究の伝統の中に位置づけられるのである[7]」。

マルクス主義の立場を標榜するグレガー・ゴールという学者は、マルクス主義から制度派に接近するようになったリチャード・ハイマンの立場と、「エドワズのような非マルクス主義の立場の人たちの思想や研究とはほとんど大きな差はない」と指摘している。[8] つまり、ハイマンもエドワズも、ゴールから見れば、マルクス主義者とは言えないといっているのである。

それでは、ラディカル・プルーラリズムと唯物論とは同じなのか、違うのか。

エドワズによると、「ラディカル・プルーラリズム」というのはネオ・プルーラリズムの立場のアッカーズによる呼び名であり、エドワズ自身は「唯物論者」と呼んでいる、とのべている。[9]

エドワズのいう唯物論の特質はどのような点にあるのだろうか。

「唯物論の中核的な原理は、①構造化された敵対性、②矛盾、③分析のレベルの三つであるが、広い意味での唯物論的な分析をおこなうためには、搾取や剰余価値［というマルクス経済学の概念］との関係では、そのパッケージのすべてに同意しなければならないわけではない」とのべている。[10]

「構造化された労資の敵対性」と三つの分析レベル

エドワズは、マルクス主義の立場とは区別されたマテリアリスト＝唯物論者（materialist）という立場から、唯物論の三つの原理を示したが、その冒頭に挙げられているのが、企業の生産点における「構造化された労働（者）と資本（家）の敵対性」という概念である。

「利害の対立という概念も［対立の基盤を明らかにするという］その目的にとって最も有益とは言えず、構造的な敵対性という概念によって置き換えられるであろう」[11] とのべる。これは、敵対性が雇用関係の仕組み（「構造」）のなかに組み込まれていることを指している、と主張している[12]。

そして、「唯物論的なアプローチの狙いの一つは、非マルクス主義［＝プルーラリズム］の説明で従来欠如してきたもの、すなわち、労働関係における対立の基盤に関する理論を提供することである[13]」と主張する。

そのため、「対立（conflict）」の多様な意味を扱うことのできる理論を構築しなければならないと指摘し、三つの分析レベルの区別を提案している。

一つは、構造化された敵対性という基礎レベルである。二つめは、労働関係の組織＝企業というレベルで、協力（co-operation）はここで登場する。使用者は労働者への説得が必要で、強制だけでは通用しない。他方、労働者ももっぱら反対するだけというわけにはいかない。三つめは、具体的な行動のレベルで、行動の形態、対立を反映している程度、状況適応の発現形態などが問題となる[14]。

「分析と実践の処方箋は分離できるし、そうすべき」

また、エドワズは、分析と処方箋は分離することができるし、そうすべきなのであると主張する。かれの「構造的敵対性」論は、一九八〇年代半ばで、当然、サッチャー保守党政権の労使関係政策が展開される下で、格闘して生み出された。労働組合運動の後退のなかで、従来の労使関係論の出発点になっていた労働組合の地位を再検討としなければならなくなっていたわけである。とはいえ、たとえばジョン・ケリーの資源動員論のような労働運動論ではないので、処方箋を書いたものではない。

図表5―2―2　マルクス主義とマテリアリズムの共通点と相違点

マルクス主義	マテリアリズム
＜共通点＞	
唯物論	唯物論
＜相違点＞	
経済学＝剰余価値論、搾取論	マルクス経済学はパッケージとしては不要
階級闘争論	雇用関係＝労資の構造的な敵対性
社会主義・共産主義	分析と処方箋は分離すべき

（注）Paul Edwards, *Conflict at Work*, Basil Blackwell, 1986にもとづいて、浅見和彦が作成。

きわめて抽象度の高い分析なのである。

「対立には権力関係が含まれるし、構造化された労使のあいだの敵対性という概念は、紛争理論の中心に位置づけられてきた」。しかしながら、「対立や闘争などのコンセプトは、純粋に客観的なものとして発展させることができる」とする。したがって、「分析と処方箋は分離することができるし、そうすべきなのである」という。なぜならば、「構造化された労資の敵対性を把握することは、そうした敵対性が取り除けるとか、取り除くための取組みが必然的に労働者にとって利益になるということを意味するわけではない[15]」からである、と主張する（図表5―2―2）。

日本のマルクス経済学のいわゆる宇野派の立場に類似しているように思われる。

集団的な紛争だけでなく、個人的紛争も重視する

労使関係論の理論の歴史においては、労使紛争は、大別して二つの形態として把握することができるし、把握しようとする研究が存在した。

一つは、「組織された紛争」＝「集団的な紛争」である。[16] それは、①団体交渉や苦情処理といった「駆け引き的な紛争」と、②ストライキ、ロックアウト、ボイコット、生産制限、政治行動といった「攻撃的な紛争」とをあわせた現象である。[17]

いま一つの労使紛争の形態は、「非組織的な紛争」＝「個人的な紛争」である。[18] これは、転職、無断欠勤、遅刻、規律のゆるみ、さらに今日の日本でいえば過労死・過労自殺などを指すし、いわゆる「バイトテロ」などもカウントしうるだろう。

このように、労使紛争には、集団的な紛争と個人的な紛争があるが、労使関係論は、プルーラリズムもマルクス主義も、主として集団的な紛争――労働組合と使用者・使用者団体との紛争や交渉、ストライキなど――を主要な対象としてとらえてきた。

しかし、マテリアリストのエドワズは、サボタージュ、無断欠勤、離職・転職などの「個人的な紛争」、あるいは「個人的行為」[19] をもとらえようとしているし、重視している（図表5―2―3）。

構造的敵対論が労働運動の衰退の下での理論的格闘であったように、労働組合の組織的紛争以外の諸形態に注目する必要性が高まっている事情を背景として捉えることができるのではないだろうか。

プルーラリズムとネオ・プルーラリズムへの批判

こうして、労資（労使）の対立の本質とそのレベルを区別するエドワズによるクレッグらプルーラ

図表5―2―3　労使紛争の諸形態

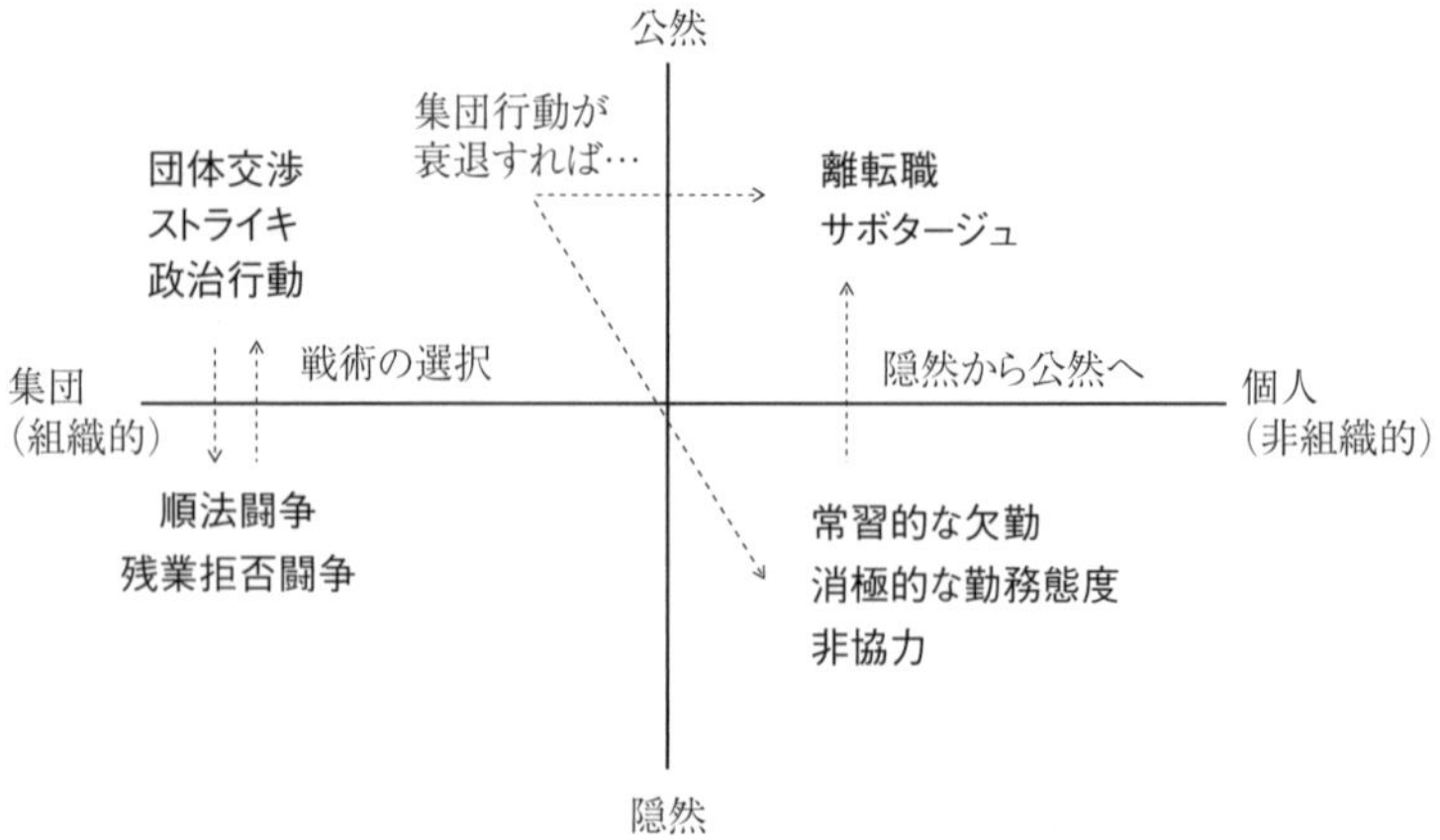

作　　成：浅見和彦
参考文献：C. Kerr, *Labor and Management in Industrial Society*, Anchor, 1954.
W.H. Scott et al., *Coal and Conflict*, Liverpool University Press, 1964.
P. K. Edwards and H. Scullion, *Social Organization of Industrial Conflict*, Blackwell, 1982.
R. Hyman, *Strike*, 4th ed., Macmillan, 1989.
G. Gall (ed.), *New Forms and Expressions of Conflict at Work*, Palgrave, 2013.

リズムの労使関係論への批判は、次の点に要約されている。

「プルーラリズムのアプローチは、対立の性格やその基盤という問題に取り組まない。また、すでに明白に起きている対立や、その組織的な表れに集中するだけなのである[20]」。

また、エドワズは、ネオ・プルーラリズムを提唱するピーター・アッカーズの「中心的な問題点は、分析のレベルを混同していることにある」と指摘し、労使関係の「分析を直接的で経験的に検証できるものに限定しようとしている[21]」と批判しているのである。

すでに前節で検討したので、ここではごく簡単に触れておくにとどめる。

エドワズは、『職場における対立』とい

うのは二つのことを意味しており、一つは、公然たる対立であり、いま一つは、それよりも深い利害の対立である」として、二つを区別すべきだ、とのべている。

「［直接的・経験的に明らかな］公然たる対立がないということは、［労使のあいだで］目的の一致や共有があることを意味しているわけではない」「唯物論は、職場における具体的な経験によって雇用関係の根本的な特徴が全部判るなどとは主張しない。［労使関係の］具体的なレベルでの対立が通常の姿だなどとは主張しないし、また仮定もしない」「マルクス自身も、協力が［労使関係の］基軸になっていることを［『資本論』第一巻第一三章で］認めている」とのべている。[22]

そして、労使関係の「分析を直接的で経験的に検証できるものに限定してしまうと、［労使関係の基礎にある］資本主義をシステムとして理解する努力との結びつきを捨ててしまうことになる」[23]と主張するのである。

これにたいするアッカーズの反論は前節でみた通りである。

マルクス主義派のケリーの国家論と人的資源管理論への批判

また、エドワズはマルクス主義的な潮流に対しても、次の点で批判をおこなっている。

国家論では、第4章で取り上げたマルクス主義的潮流のジョン・ケリーは、国家は使用者の味方をするという階級的な性格をもっていると強調するが、エドワズは「国家は相対的な自律性をもっている」と主張している。[24]

またケリーは、人的資源管理は使用者や国家の政策的な優先課題であるから、人的資源管理論を研究することは使用者側の立場にたつことだと主張していた。

エドワズは、これを次のように批判している。

「人的資源管理によって労働者側の」同意を作り出さなければならないという使用者側の問題に論及することは、学問的な課題として使用者側の立場にたつことだといえるのか、その理由が明確ではない」[25]。

□ □ □

本節のエドワズをもって、労使関係論の「起源」にあたるウェッブ夫妻とコールおよび戦後のイギリス労使関係論の学者たち、全体で一組と一一人のそれぞれの理論・議論の検討を終える。

次の終章では、イギリス労使関係論の諸潮流の理論、学説を横断して、主要な論点を取り上げ、議論の整理をおこない、その含意を検討することにしたい。

（1） Paul Edwards, *Conflict at Work: A Materialist Analysis of Workplace Relations*, Basil Blackwell, 1986.

（2） Paul Edwards (ed.), *Industrial Relation: Theory and Practice*, Blackwell, 1995. その第二版が二〇〇三年に出版されている。

（３）　アメリカのストライキに関する歴史研究として、Paul Edwards, *Strikes in the United States 1881-1974*, Basil Blackwell, 1981がある。また、事業所段階の労務管理に関する研究として、Paul Edwards, *Managing the Factory: A Study of General Managers*, Basil Blackwell, 1987がある。さらに、職場の労使関係の実態調査研究として、Paul Edwards and Hugh Scullion, *The Social Organization of Industrial Conflict: Control and Resistance　in the Workplace*, Basil Blackwell, 1982 がある。

（４）　Paul Edwards, 'Were the 40 Years of "Radical Pluralism" a Waste of Time?: A Response to Peter Ackers and Patrick McGovern', *Warwick Paper in Industrial Relations*, No. 99, Industrial Relations Research Unit, University of Warwick, 2014.

（５）　Paul Edwards et al., *Studying Organizations Using Critical Realism: A Practical Guide*, Oxford University Press, 2014.

（６）　Edwards, *Conflict at Work*, p. 88.

（７）　*Ibid*., p. 324.

（８）　Gregor Gall, 'Marxism and Industrial Relations', in Peter Ackers and Adrian Wilkinson (eds.), *Understanding Work and Employment: Industrial Relations in Transition*, Oxford University Press, 2003, p. 319.

（９）　Edwards, 'Were the 40 Years of "Radical Pluralism" a Waste of Time?', p.1.

（10）　*Ibid*., p.16.

（11）　Edwards, *Conflict at Work*, p. 17.

（12）　近年、エドワズ自身がこの概念をめぐって、再検討をおこなった論文として、Paul Edwards, 'Conflict at Work: The Concept of Structured Antagonism Reconsidered', *Warwick Papers in Industrial Relations*,

110, Industrial Relations Research Unit, University of Warwick, 2018.

（13） Edwards, *Conflict at Work*, p. 9.

（14） *Ibid.*, pp. 10, 17.

（15） *Ibid.*, p. 324.

（16） W. H. Scott et al., *Coal and Conflict: A Study of Industrial Relations at Coalfield*, Liverpool University Press, 1963, pp. 39-40, 43, 112, 186-188.

（17） Clarke Kerr, *Labor and Management in Industrial Society*, Anchor Books, 1964, pp. 167-175.

（18） Scott et al., *Coal and Conflict*, pp. 39-40, 112, 181, 186-187, 189.

（19） Edwards, *Conflict at Work*, pp. 123-133, 248-262. また、Paul Edwards and Hugh Scullion, *The Social Organization of Industrial Conflict* もそうした非組織的＝個人的な紛争によく目配りがされた調査研究になっている。

（20） *Ibid.*, p. 24.

（21） Edwards, 'Were the 40 Years of "Radical Pluralism" a Waste of Time?', p. 2.

（22） *Ibid.*, pp. 3-4.

（23） *Ibid.*, p. 17.

（24） *Ibid.*, pp. 153-154.

（25） Paul Edwards, 'Future of Industrial Relations', in Peter Ackers and Adrian Wilkinson (eds.), *Understanding Work and Employment: Industrial Relations in Transition*, Oxford University Press, 2003, p. 341.

●コラム⑯

マルクスとエンゲルスの「三つの戦術」

アメリカのマルクス主義者スタンレー・ムーア『三つの戦術』（岩波書店）によると、二人の革命論と労働組合論は、終生変わらなかったのではなく、三つの時期に区分できる変化が認められるという（ムーアに刺激を受けている荒木武司『マルクス社会主義論の批判的研究』文理閣も参照）。

最初は、「少数者による革命」論の時期で一八四八～五〇年であり、フランスの革命家ブランキの思想としての「共産主義」にもとづくものであった。社会変革の「頭脳は哲学であり、その心臓はプロレタリアートである」とし、ブルジョア革命のあとに、それに続いてプロレタリア革命が起こるという「永続革命」の思想であった。男子選挙権獲得の運動（チャーチズム）が始まったが未成熟だと見て、まず少数者が力ずく立ち上がることによって革命が始まり、社会を変えると、だんだんと多数の人々が支持するようになるという考え方であった。

第二期は、一八六四～七三年の「多数者による革命」論の時期である。マルクスの経済学の発展は、『資本論』においてその頂点に達し、ブルジョア革命ではなく、発達した資本主義におけるプロレタリア革命の問題へ関心の焦点は移った。労働者階級の「貧困の増大」を重視し、それが人々を立ち上がらせる契機になると見た。この時期は、イギリスの一八七一年の労働組合法などで労働組合が法認され、「今後労働組合は、労働者階級の完全な解放という偉大な利益のために、労働者階級の組織化の焦点として意識的に行動することをまなばなければならない」（「労働組合―過去・現在・未来」）と主張した。また、男子普通選挙権の獲得と議会制民主主義の形成を背景に、社会主義政党の結成・成長という大きな変化があった。政治権力を掌握する以前に、選挙で多数の人々の支持を獲得して、議会を通じて革命を遂行し、その後に社会の変革をおこなうという可能性を探究するように変化した。そして、移行期は「プロレタリアートの独裁」（「ゴータ綱領批判」）によるとした。

第三期は、マルクスとエンゲルスの晩年の時期の思想で、資本主義自体に社会主義・共産主義へ移行する要素があると考えるに至った。企業は特定の資本家の手から離れて株式会社に変化し、労働者は労働組合や生産協同組合などの「アソシエーション」をつくるという大きな発展が起こったことを重視した。資本主義的な株式会社と労働者の協同組合という複数のシステムのあいだの競争が生じているという見方である。経済社会の変化が先行して、多数の人々がそれを支持し、その後にそれに対応した政治の変化も起こるという構想に移りつつあったのである。そして、最終的には、この移行が先進国では革命なしに完成されうるとエンゲルスは示唆している（「エルフルト綱領草案への批判」）。著者のムーアはこのように見ている。

●コラム⑰

イギリスの労使関係論学会

イギリスにも労使関係論の学会がある。日本でいえば、社会政策学会がこれに近いだろう。社会政策学会は一八九七年に発足したが、一九二四年の大会を最後に事実上、活動停止に陥った。戦後の一九五〇年に新たに再建され、二〇一九年の会員数は一一八五人を数えている。[1]

イギリスの労使関係論の学会は一九五〇年に設立された。当初の名称は、「労使関係論大学間研究グループ（Inter-University Study Group in Industrial Relations）」というものであった。一九五七年には「大学労使関係論学会」に改称されたが、現在の正式名称である「イギリス大学労使関係論学会（British University Industrial Relations Association）」になったのは一九六七年のことである。

当初は、労使関係論の「研究者」にしか加入資格が与えられず、「教員」は加入が認められなかった。また、会員の所属は「大学」に限定されていて、ポリテクニック、テクニカル・カレッジや労働者教育運動の団体に所属している場合は認められなかった。一九六三年に労働法のカーン・フロイントが改正を提案するも否決されている。しかし、七一年、ヒュー・クレッグ（第2章を参照）が会長の時に、大学以外の機関の「教員」にも加入資格が与えられた。さらに、九四年には、所属が「イギリス」の大学・機関に限定されていた制限も撤廃されることになった。会員数は、創立時にわずか一八人であったが、六二年に一一五人と三桁になり、会員資格を拡大した七一年が二〇一人で、以降、加入者が増え、二〇一〇年には四八五人なっている。現在は、労使関係論と人的資源管理論の研究者の緩やかな連合体になっている。

同学会は、年次大会を開催しているほか、部会を組織して運営している。年次大会への参加率は、創立当初の一九五〇年代は四割超あったが、九〇年代以降はおよそ二割前後になっている。最初の部会はアラン・フランダース（第2章を参照）によってつくられた。また、八一年にはロンドン部会がつくられている。学会誌については五三年にクレッグが創刊を考えたが、出版社に断られている。六三年に『イギリス労使関係雑誌』がLSEからベン・ロバーツ（第3章を参照）の手によって刊行され、学会と同誌は緊密に協力するようになった。

二〇〇八年のキール大学争議（コラム⑬を参照）の際は、同大学の経営陣にたいして、会員四二五人の署名をもって抗議書を送った。[2] 学会としての結束が強まった事件であった。

（1） 社会政策学会『社会政策学会戦後再建七〇周年記念誌』二〇二〇年を参照。
（2） BUIRAの歴史については、Horen Voskeritsian, *The Intellectual and Institutional Development of BUIRA: A 60 Years Retrospective*, BUIRA, 2020による。

終章

要約と含意

1　要約

一組と一人を取りあげてきたので、この終章では、全体を通じての要約をおこない、その含意を議論し、展望してみよう。要約といっても、各章ごとの内容を繰り返すのはできるだけ避けて、全体を通しての論点を取り上げて、イギリス労使関係論はどのような対象をどのように議論してきたのか、その含意はなにかを中心に考察していくことにしたい。

(1)　労使関係論の発展過程

第一の論点は、労使関係論の発展である。それには展開の過程があるという、ある意味では当然のことが見てとれる。中身としては、さしあたり二つの側面から議論が可能だろう。一つはアクターに注目することであり、いま一つは全体としての展開のしかたの特徴という点である。

アクター――労働者・使用者・国家

前者のアクターということでいうと、一般的には、使用者・労働者・国家の三つがあげられる。それは労働者の組織＝労働組合に関する研究から始まった。ウェッブ夫妻にしてもＧ・Ｄ・Ｈ・コールにしても、労働組合論としての労使関係論である。それでも、使用者と国家は労働組合との関係で取り上げられるので、労使関係論として成立する。なかでも、労働者を中心として使用者との関係を捉えてきたといえる。ウェッブでいうと、労働組合の三つの方法のうち、相互保険と団体交渉の方法は対使用者の方法である。また、法律制定の方法が対国家の方法となる。

使用者が労働者といわば同等に扱われるようになるのは、第二次大戦後の労使関係論の形成と結びついているといって大過ないと思う。一九五〇年代では、労働者は労働組合として扱い、使用者は民間部門については事実上、使用者団体とみていたという特徴があった。

言い換えると、個別使用者である企業の人事労務管理は独自の領域という扱いではなかった。独立に扱われるのはテキストブックでは一九七〇年代末以降のことで、人事労務管理論が本格的に研究、議論されるようになるのは一九八〇年代に入ってからである。使用者による労働者管理が変化したことに対応して、労使関係管理論から人的資源管理論へと変化したこと、その人的資源管理論を労使関係論の一部として拡充して統合してきた――少なくとも「共存」[1]している――のがイギリスの労使関係論の特質なのである。それが、イギリスのビジネス・スクール（マネジメント・スクール）にも特色をもたらしている。[2]

三つめのアクターである国家についての研究あるいは論及は使用者や労働者に比べると少ない。国家といっても、公務部門の使用者としての国家、労使関係政策の主体としての国家、そして労使関係における国家というように大きく三つに分けて考察することができる。前二者については論述されることが少ないとはいえないが[3]、最後のものはマルクス主義派のなかではケリーが階級国家論を主張しているが詳しくは展開されていない。マテリアリストのエドワズは「国家の軽視」に注目し、国家の相対的自律性論を唱えて、一定の議論をおこなっている[4]。またハイマンも近年、「労使関係における国家」をテーマにした議論をおこなうに至っている[5]。

ネオ・プルーラリズムのアッカーズは、この三者のアクター論ではなく、従業員、使用者、国家、そして究極的には世論という、四者の「ステークホルダーのダイアモンド」論[6]を提起している。

制度からプロセスへ、そしてガバナンスへ

戦後の労使関係論は、フランダースらのプルーラリズムは「制度の研究」から出発した。しかし、その後、プルーラリズム内部でも、制度にとどまらず、「労働規制のあらゆる側面」(クレッグ)を対象とすることが明らかになる。フランダースの「制度」偏重を批判したマルクス主義派のハイマンは、制度よりも「プロセス」を強調した。また、シソンは雇用関係の「ガバナンス」という表現を用いるようになった。

労使関係論の成熟化に伴って、プルーラリズムが当初、限定していた制度とルールにとどまらず、さまざまな側面に拡大し、それをプロセスとして把握し、さらにガバナンスとして研究するという方向が強調され、諸潮流を横断する一定の共通の基盤も形成されてきている。この点でも、イギリス労使関係論の発展的な性格が示されている。

(2) イギリス労使関係論のレジリエンスと社会主義の諸思想

レジリエンスとバイタリティ

第二は、イギリスの労使関係論が苦闘しながらも、同時に弁証法的な性格をもって発展していることである。

日本やアメリカと同じように労働組合の後退という現実に直面しながらも、諸潮流のあいだにおける論争によってもたらされる社会科学としての労使関係論が、試行錯誤も伴いながら、しかし粘り強く格闘し、柔軟なレジリエンス＝回復力（resilience）[7]を示していることが注目できる。ネオ・プルーラリズムのアッカーズは、「バイタリティ」とも表現していて、「イギリスの労使関係論は（アメリカとは対照的に）マルクス主義、異端派経済学や社会学と継続的に対話することによってバイタリティを獲得してきた[8]」とのべている。

この見方は、「労使関係論の終焉」という議論[9]とは大きく異なる。正反対といってよい。

社会主義の諸思想のあいだでの格闘

そして、こうした労使関係論のレジリエンス、バイタリティに大きな影響を与えたのが、社会主義の思想・団体との結びつきと、それらのあいだでの理論的な格闘である。一組と一一人の学者を取り上げ、それぞれの冒頭で、経歴をみたので、気づかれたと思うが、ほとんどが広い意味での社会主義者たちである。そうした結びつきがないのは、使用者団体出身のシソンと「分析と処方箋の分離」を主張するエドワズだけである。

戦前の「前史」から振り返れば、フェビアン協会（ウェッブ、コール、クレッグ、フラダース）、ギルド社会主義（コール）、倫理的社会主義（フランダース、ロバーツ、フォックス）、労働党（ウェッブ、コール、フランダース、ロバーツ、アッカーズ）、共産党（クレッグ、ケリー、アッカーズ）、ニューレフト（ハイマン、リドン）。労働党のニューレーバー派（アッカーズ）といった諸潮流と結びついている（図表6―1―1を参照）。

その性格はさまざまではあるが、当然のことながら、資本主義批判の思想であるため、社会科学としての労使関係論に少なからぬ影響を与えることになる。たしかに、それぞれの学者が長期にわたる深い結びつきをもった場合と、一時的な関係の場合、あるいは離反する場合があるが、その時々に、思想的・知的にインスパイアされたということは無視できないであろう。

大ざっぱにいうと、戦前から一九五〇年代は主としてフェビアン協会と労働党が、一九五〇年代から六〇年代は倫理的社会主義（社会主義前衛グループ、社会主義同盟）が、一九七〇年代から九〇年代はマルクス主義の潮流の二大勢力である共産党とニューレフトが、そして二〇〇〇年代からは労働党のニューレーバー派が、それぞれ登場し、有力な役割を演じている。

こうして諸潮流のあいだで論争がおこなわれてきた。とくに、労使関係論における「マルクス主義とプルーラリズムとの長期にわたる創造的な緊張関係」[10]が示されていたと思われる。

図表6―1―1　労使関係論の学者と社会主義の諸思想・諸団体

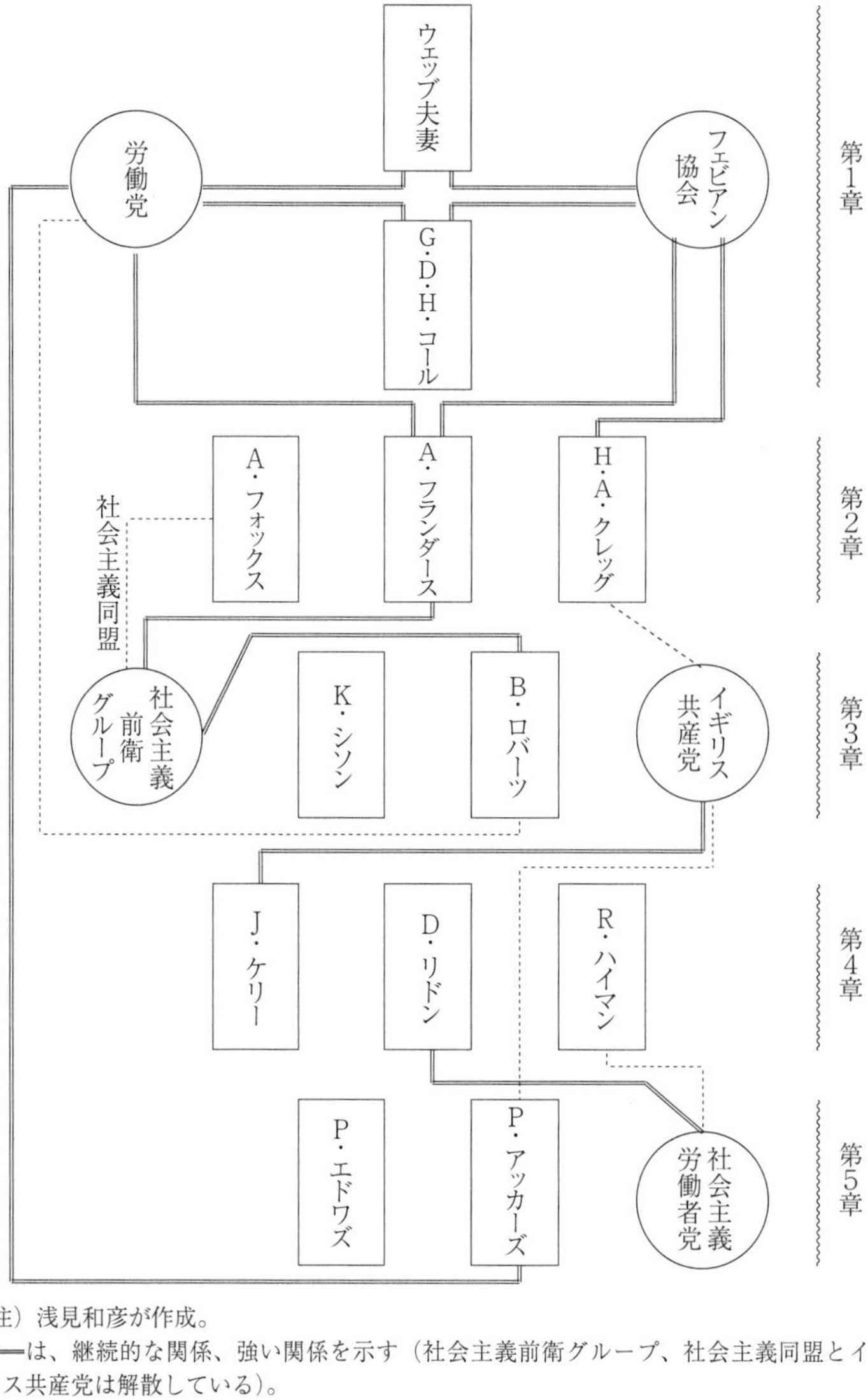

（注）浅見和彦が作成。
══は、継続的な関係、強い関係を示す（社会主義前衛グループ、社会主義同盟とイギリス共産党は解散している）。

------は、一時的な関係で、のち脱退を示す。

(3) 労使関係論の対象と構造――四つの潮流の相違

「学問分野」か、「研究領域」か

労使関係論は、独自の専門的な「学問分野」(discipline)だという考え方と、対象である社会現象としての労使関係という「研究領域」(study field)へのアプローチについての総称であるというとらえ方の二つがある。前者ではなく、後者のほうだという点で、戦後のイギリスの労使関係論の学者のほとんどは、プルーラリズムもマルクス主義も、見解の相違はほぼないといえる(図表6―1―2参照)。「ほぼ」と書いたのは、本書で取り上げた学者のなかでは、少なくともピーター・アッカーズは、学問分野と研究領域の「中間」という見方をしているからである[11]。

そのうえで、労使関係論が扱う労使関係の実態の対象範囲と構造に関して、諸潮流のあいだで一致点と相違点とがある。

プルーラリズム(フランダース)、マルクス主義(ハイマン)、ネオ・プルーラリズム(アッカーズ)、そしてマテリアリズム(エドワズ)の労使関係観では、①「労使関係の性格は本質的に敵対的なものであるのか否か」、そして、②「なにが対立あるいは協力を生み出すのか」、③「労使関係から生じる紛争は制度を通じたプロセスによって解決可能であるのか否か」をめぐって答えが異なる(図表6―1―3を参照)。

図表6—1—2　研究領域としての労使関係へのさまざまなアプローチ

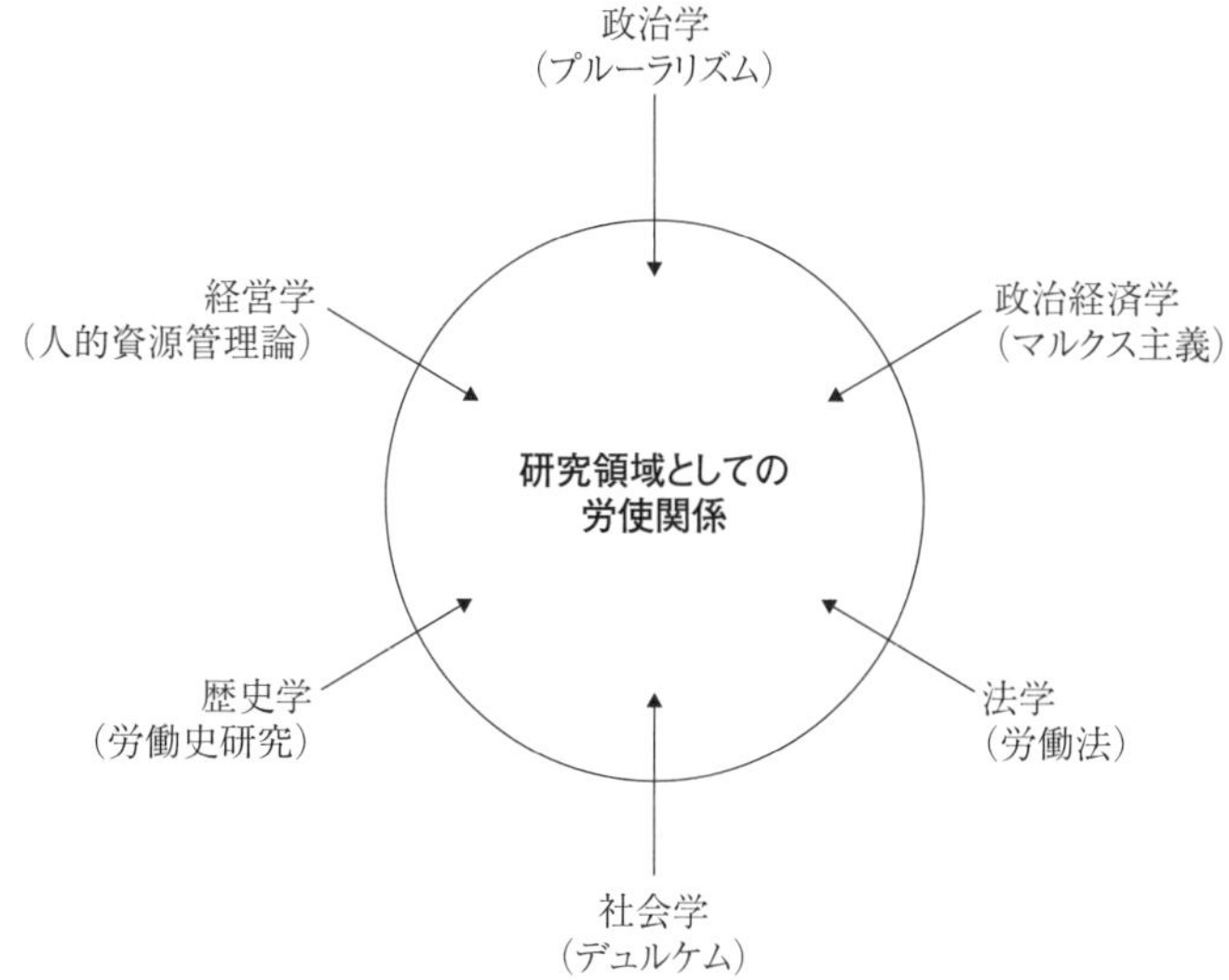

（注）浅見和彦が作成。

労使関係論の対象と構造——四つの潮流

まず、プルーラリズムのフランダースは、出発点を雇用契約においている。そして、企業外の市場関係と企業内の管理関係との結びつきを捉える。[12] その上に、雇用契約から生じる諸問題を解決するための制度とルールがあるという構成になる。また、そのルールの分類論を展開している。雇用契約の前提になる経済社会（＝資本主義）は問題にしていない。国家は、使用者としての国家と労使関係政策の主体としての国家が登場するのみである。

次に、マルクス主義は、ハイマンの場合、当初はフランダースのいう雇用契約にとどまらず、広い範囲の労働関係を対象に、また制度ではなくプロセスとして、さらに規制ではなくコントロールを研究するものとしての労使関係論を対置した。つまり、プルーラリズ

図表6—1—3　労使関係論の対象と構造——4つの潮流

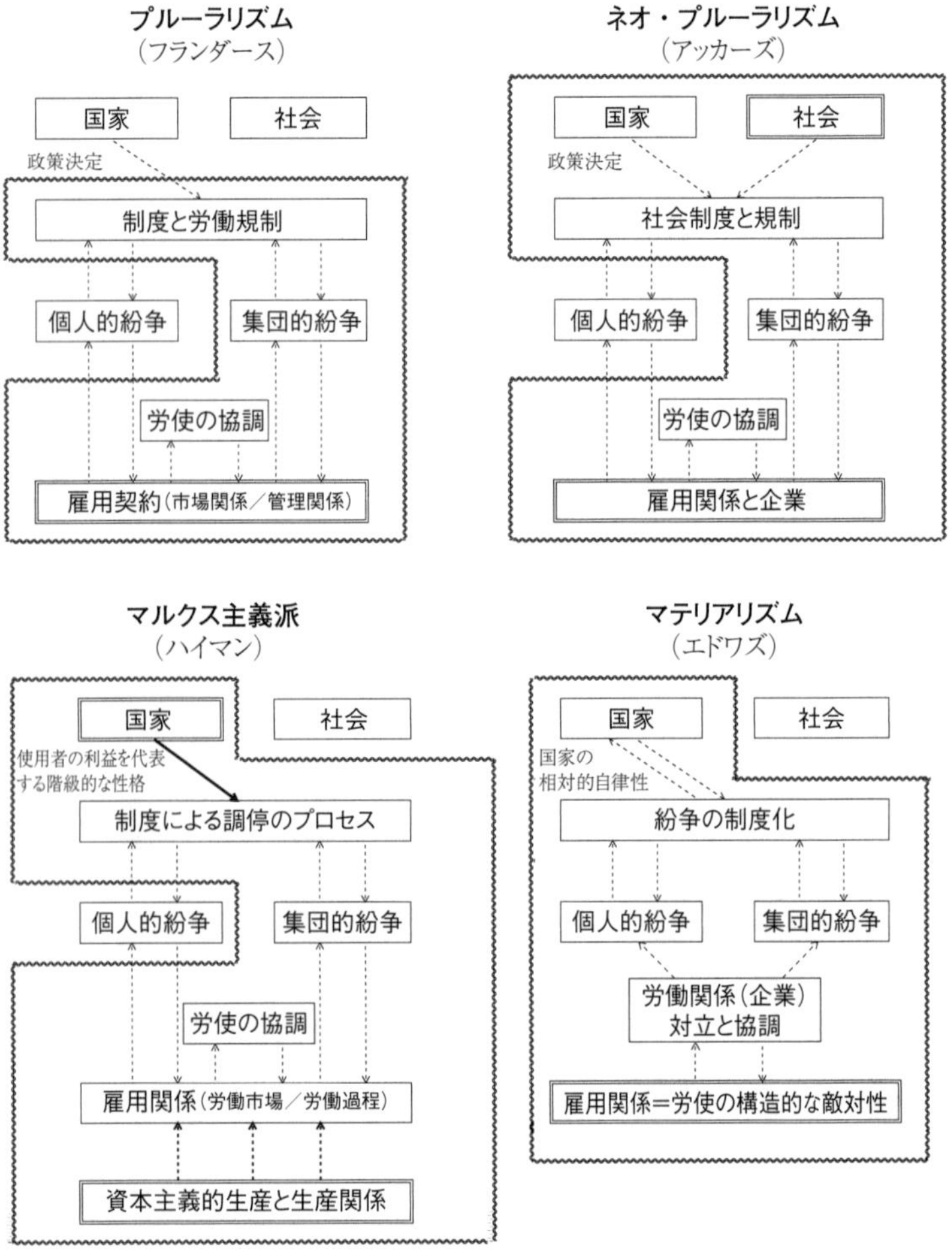

（注）浅見和彦が作成。
〰〰で囲んである範囲がそれぞれの潮流の労使関係論の対象領域。

ム批判という形での労使関係論の試論を提起した。

しかし、その後、労使関係論との敵対をやめて、労使関係論におけるマルクス主義＝マルクス主義労使関係論の確立へ向かう。そこで、労使関係論の再定義をおこなう。おそらくは、マルクスの土台―上部構造論をイメージして、資本主義の生産関係の敵対性[13]を基礎にした、労働市場と労働過程からなる雇用関係の物質的な利害の敵対性[14]から発生する集団的な紛争を制度によって調整するプロセスという多次元性を構成した。プルーラリズムのフランダースやフォックスが市場関係と管理関係という概念でとらえていたのを、ハイマンは労働市場と労働過程という概念でとらえているわけである[15]。なお、マルクス主義派が、その内部で、プルーラリズムへの向き合い方、とくに制度をめぐって理論的に分岐していることは、第4章でのべているので、ここでは繰り返さない。なお、資本主義論も、いわゆる構造論だけでなく、ケリーのように資本主義の多様性論[16]を導入することもおこなわれ、それに対応する労働組合運動の多様性[17]の議論も展開されている。

ネオ・プルーラリズムのアッカーズの場合は、雇用関係と企業をめぐるステークホルダーの関係の社会制度による規範的な規制を扱うとしている。雇用契約から出発するのはプルーラリズムと同様で、マルクス主義の場合のように、生産関係を基礎におくということはしない。むしろ、ネオ・プルーラリズムのアプローチにとっては、「たとえば、『資本主義』や『自由企業』などの社会経済的概念からではなく、自由民主主義からはじめる[18]」ことが重要だと指摘する。同じく制度を重視するが、プルーラリズムのように労使関係の制度に限定しないで、社会制度として広げている。労使関係論の対象範囲の労働から社会への拡張という主張に照応している。

また、マテリアリストのエドワズは、雇用関係自体の「構造化された労使の敵対性[19]」を前提において考えようとする。この概念は、労使の対立を強調するものではなく、「雇用関係が、協力と同時に対立のポテンシャルによって特徴づけられることを意味する[20]」だけである。労働関係の組織（＝企業）のなかから生じる、一方での協調と同時に、他方での対立をとらえようとするものである。

なぜ構造的敵対論なのかといえば、プルーラリズムが雇用契約から出発しながらも、立ち入った分析を回避したため、労使の対立の基盤を説明できていなかったからである。したがって、マテリアリズムは、「非マルクス主義の説明で従来欠如してきたもの、すなわち、労働関係における対立の基盤に関する理論を提供することである[21]」と主張する。「利害の対立という概念も［対立の基盤を明らかにするという］その目的にとって最も有益とは言えず、構造的な敵対性という概念によって置き換えられるであろう[22]」とのべていた。

他方、そのことによって、マルクス経済学による生産関係から出発する説明を回避できる。「搾取や剰余価値との関係では、そのパッケージのすべてに同意しなければならないわけではない[23]」からである。この構造的敵対論は二〇〇〇年代には入って、エドワズが編集した労使関係論の教科書の出発点に導入されている[24]。

(4) 労働組合を出発点とはしなくなっている——四つの理論的オルタナティブ

労使関係論は労働組合論として出発したことは、本書で「起源」としてのべた。ウェッブ夫妻とコールがそうである。戦後の労使関係論の確立の指標になるクレッグの産業民主主義論も労働組合論であった。そして、クレッグのテキストブックでは、労働組合（あるいは「非公式性」が強調された時期には、職場の労働者集団）が労使関係論の体系の出発点になっていた。

しかし、労働組合の運動の後退・不振、組織率の低下、協約適用率の減少、さらに法的規制の進展によって、労使関係論の出発点として地位は再検討されることになった。また、プルーラリズムのフランダースなどにあった労使関係の改革の担い手が労働組合ではなく、経営者であったという想定も拍車をかけたであろう。さらに、保守派のロバーツは経営者でさえもなく、政府であった。マルクス主義派であったハイマンも、一九八〇年代にはブルーカラー労働組合の「病弊」として批判に転ずる。

こうして、労働組合が出発点であることが揺らぐことによって、理論的なオルタナティブが模索される。それは次のような四つの方向で見られた。

労働組合運動の再建をめぐる議論

一つは、労働組合の弱体化からその再建・強化の方向を示すことである。その代表例は、マルクス主義派のジョン・ケリーの資源動員論の導入にみることができる。ここでは、その内容は繰り返さないが、一九五〇年代の労働組合運動のピークであったアメリカ由来の社会運動論であって、労使関係論になり得るかが最も大きな問題であろう。

専門職団体論と労働者参加論

二つめは、その反対に、労働組合のミリタンシーを強化するのではなく、労働組合の新しい性格づけ——とくに、専門職団体[25]——と、団体交渉に代わる労働者参加のチャンネルを探求することである。他の主要諸国（とくにドイツ）とは異なって、労働組合が代表を独占するシングル・チャンネル方式であったところから脱却が求められるという判断があるからである。パートナーシップ路線や従業員参加論（employee involvement）の議論が代表的である。第5章で詳しくは触れなかったが、これは、ネオ・プルーラリズムのアッカーズに見られる。

雇用関係の性格をめぐる理論的検討

三つめは、労使関係論の出発点を理論的に再検討することである。これが雇用関係論（employment relationship）である。いうまでもなく、ポール・エドワズの労使の構造的敵対論である。エドワズは、本書では第5章になって取り上げたために、誤解されるかもしれないのだが、すでに一九八〇年代の半ばに、この構造的敵対論を確立していた。サッチャー保守党政権の新自由主義的労使関係政策のさなかで格闘して、生み出した理論である。ただし、ケリーともアッカーズとも異なって、いわば原理論として展開したのである。労働組合運動との関係を論じていない。むしろ、「分析と処方箋は分離できるし、そうすべき」とのべたのである。もちろん、ケリーの議論をオーソドックスな議論と評価する一方、アッカーズの議論に厳しい批判を加えているのは見たところである。労使関係論のテキストブックも、エドワズが編集責任者になる一九九〇年代半ばには、それまでの構成をあらため、雇用関係論を出発点にするように変化した。[26] そして、先述のように、二〇〇〇年代に入ってのテキストブックは、雇用関係を構造的敵対論として把握することを出発点とするようになったのである。

労使紛争の発現形態への新たな注目

四つめは、労働組合が弱体化することで引き起こされる労使紛争の形態・発現形態の変化に注目することである。

すでに第5章で見たが、これまで労使関係論では、労使紛争を大別して二つの形態として把握しようとしてきた。一つは、組織された紛争、[27] 集団的な労使紛争である。[28] それは、団体交渉や苦情処理といった駆け引き的な紛争と、ストライキ、ロックアウト、ボイコット、生産制限、政治行動といった攻撃的な紛争とをあわせた現象である。[29]

いま一つの労使紛争の形態は、非組織的な紛争＝個人的な紛争[30] ないし個人的行動[31] である。これは、転職や無断欠勤、遅刻、規律のゆるみなどを指す。

労使関係論はそのうち主として集団的な紛争を主要な対象としてきたが、労働組合の後退は非組織的紛争へ着目し、その形態を研究する必要性も現実のものとなっている。一方、マテリアリストのエドワズは、集団的紛争だけでなく、個人的な紛争も重視することで一貫してきた。

こうした労使紛争の諸形態をめぐる議論は、一九五〇年代から八〇年代までに展開された。一九九〇年代以降はこれらの理論や概念との関連が十分には発展させられていなかったが、最近、マルクス主義派のグレガー・ゴールとマテリアリストのエドワズらが紛争の新形態・発現形態に関する研究を明らかにした[32]。

以上のように、イギリス労使関係論は労働組合を出発点としたウェッブやコール、プルーラリズムの時期のものから刷新されてきている。労働組合の組織率の劇的な低下は労使関係論の存在理由を消滅させるものだという、早とちりの言い分をただすことができるのである。

(5) 労働者のステータス(地位)をめぐって

イギリス労働者の企業内あるいは社会的なステータス(地位)をめぐる問題も、労使関係論のなかで扱われた重要なテーマであった。戦後の日本では、工職格差(ブルーカラー労働者とホワイトカラー職員の身分=地位の格差)の撤廃として議論されたのは周知のことである。

ウェッブは、労働組合がブルーカラーの組織であることを前提にしていたが、『産業民主制論』のなかでは教員などの専門職の地位についても議論をしていた。また、コールは、「労使パートナーシップ」論によって、これに正面から論及していた。

シソンが指摘するように、イギリスの全国協約の大半はその歴史的経緯から手続き的な性格が強く、賃金が職場交渉で決定される余地が大きかった。労働者の関心も職場に集中しがちであった。

プルーラリズムのクレッグとフランダースは、ブルーカラーの労働者のセクショナルな職場交渉を是正しようとし、またフォックスが労使の信頼関係の高低による国際比較をおこなったのも、実はこのステータスの問題である。

社会主義者であったロバーツが労働組合や労働党を見限って、保守派に転向したのは労働組合の社会的責任の問題が原因であったが、ステータスの問題にも通じるものがある。

さらに、ニューレフトのマルクス主義派であったハイマンでさえも、ブルーカラー労働組合の「自由な団体交渉」とセクショナリズムを「病弊（sickness）」とのべて批判し、自らの立場の制度派への移行を早めた。

このように、労働者のステータスの問題への対応をめぐって、労使関係論の学者の多くが、穏健派も、ラディカル派も、労働組合運動に落胆して、否定的になり、右傾化することが少なくない。

このテーマでの議論は、その関連領域で（たとえば、労働者参加論で）間接的な議論はあるものの、一九八〇年代以降、学者のあいだで本格的な議論はあまり見られなくなっているように思われる。ステータス問題と労働組合のアイデンティティの探求は、イギリスの労使関係論の学者の重要な研究課題になるべきものである。

2　含意

五つの論点をあげて、第1章から第5章に至る内容の要約をおこなった。ここから引き出せる含意を三つだけ簡潔にあげて、結論としたい。

(1) イギリス労使関係論の論点は一般性を持つ――労使関係論とはなにかを問える

第一は、本書で研究したイギリス労使関係論の起源・形成・展開過程と現段階は、先進資本主義諸国で探究すべき労使関係論の論点をほぼ包括的・網羅的に示している。ここでチェックリストは作成しないが、間違いないであろう。もちろん、現実のイギリス労使関係の歴史やその特殊性は社会科学としての労使関係論に反映せざるを得ないという限りで、イギリス的な特殊性は伴うことは否定し得ない。しかしながら、ここでの研究は労使関係論とはなにか、を問うことができるであろう。要するに、一般性をもちうる。

(2) 諸潮流のあいだの対話と論争の重要性

第二は、すでにイギリス労使関係論のレジリエンスあるいはバイタリティとして指摘した事柄に関

して で、諸潮流のあいだでの対話と論争の重要性である。それが労使関係論の発展を促す大きな原動力になる。理論の接近、合流、離反、移行もおこりうる。

(3) 大きなビジョン、理想論、イデオロギーの必要性

最後に第三は、研究には大きなビジョン、理想論、イデオロギーが必要である。もちろん、思想・運動へのコミットが不可欠と主張しているわけではない。また、政策提案を軽んじるつもりもない。イギリスの労使関係論の学者たちのバイタリティの源泉が社会主義の諸思想であったことを、あらためて注目すべきである。

後二点について、現時点ではイギリス労使関係論の最も穏健派＝右派を代表し、最も現実主義のようにみえるネオ・プルーラリズムのピーター・アッカーズの次のような指摘に共感できることを確認して締めくくることにしたい。

「社会科学のビッグ・ピクチャー（大局）に目をこらして、さまざまな反対の立場の議論と継続的に討論をしよう[33]」。

「理想主義と強力なイデオロギーは、しばしば活発な論争を引き起こすものである。ユートピア的な挑戦がなければ、これからの労使関係の研究というのは、過去よりもいっそうありふれた、つまらない話になってしまうだろう。いまのままでは、文明の未来をめぐる知的な大論争のセンター・ステージに再び立つことができるかどうかは、おぼつかないのだ！[34]」。

(1) Peter Ackers and Adrian Wilkinson, 'Introduction: The British Industrial Relations Tradition – Formation, Breakdown, and Salvage', in Peter Ackers and Adrian Wilkinson (eds.), *Understanding Work and Employment: Industrial Relations in Transition*, Oxford University Press, 2003.

(2) Miguel Martinez Lucio, Teaching Industrial Relations: Let a Hundred Flowers Bloom?, in Ralph Darlington (ed.), What's the Point of Industrial Relations?: In Defence of Critical Social Science, BUIRA, 2009, pp. 90-93.

(3) クレッグの教科書も「労使関係における国家」という表題をつけた章はあるが、内容は労使関係政策(労働法、所得政策)である。Hugh Clegg, *The Changing System of Industrial Relations in Great Britain*, Basil Blackwell, 1979, chap. 8.

(4) Paul Edwards, *Conflict at Work: A Materialist Analysis of Workplace Relations*, Basil Blackwell, 1986, chap. 4.

(5) Richard Hyman, 'State in Industrial Relations', in Paul Blyton et al., *The SAGE Handbook of Industrial Relations*, SAGE, 2008.

(6) Peter Ackers, 'Neo-Pluralism as a Research Approach, in Keith Townsend et al. (eds.), *Elgar Introduction to Theories of Human Resource Management and Employment Relations*, Elgar, 2019, p. 38; Peter Ackers, 'Trade Unions as Professional Associations', in Stewart Johnstone and Peter Ackers (eds.), *Finding a Voice at Work: New Perspectives on Employment Relations*, Oxford University Press, 2015.

(7) 鈴木玲は、浅見和彦「イギリス労使関係論におけるプルーラリズムとマルクス主義――論争の系譜と現段階」に触れて、「イギリスの労使関係研究の特徴は、その回復性(resilience)にある」と指摘していた(大原社会問題研究所・鈴木玲編『新自由主義と労働』御茶の水書房、二〇一〇年、vi頁)。

(8) Peter Ackers, 'Between the Devil and the Deep Blue Sea: Global IR History the British Tradition, and the European Renaissanee', *Comparative Labor Law & Policy Journal*, 27-1, 2005, p. 101.

(9) たとえば、遠藤公嗣は「二〇一三年現在、理論としての労使関係論ほぼ終焉したと考えてよい」とのべている。遠藤公嗣「労務理論の到達点から考える労使関係」『労務理論の再検討』（労務理論学会誌第二三号）二〇一四年、七〇頁を参照。

(10) Peter Ackers, 'Theorizing the Employment Relationship: Materialists and Institutionalists', *British Journal of Industrial Relations*, 43-3, 2005, p. 538.

(11) Peter Ackers and Adrian Wilkinson, 'British Industrial Relations Paradigm: A Critical Outline History and Prognosis', *Journal of Industrial Relations*, 47-4, 2005, p. 454n.

(12) Allan Flanders, *Industrial Relations: What is Wrong with the System? An Essay on its Theory and Future*, Faber and Faber, 1965, pp. 12-13; Alan Fox, *Industrial Sociology and Industrial Relations*, HMSO, 1966, p. 6.

(13) Richard Hyman, *The Political Economy of Industrial Relations: Theory and Practice in a Cold Climate*, Macmillan, 1989, p. 140.

(14) *Ibid*., p. 86.

(15) *Ibid.*

(16) Peter A. Hall and David Soskice (eds.), *Varieties of Capitalism: Institutional Foundations of Comparative Advantage*, Oxford University Press, 2001. その日本語訳は、『資本主義の多様性』ナカニシヤ出版、二〇〇七年。ただし、第一章から第五章までの抄訳。

(17) Carola M. Frege and John Kelly (eds.), *Varieties of Unionism: Strategies for Union Revaitalization in a*

Global Economy, Oxford University Press, 2004.

(18) Ackers, 'Neo-Pluralism as a Research Approach', p. 48.

(19) Edwards, *Conflict at Work*, pp. 14, 36, 55, 134, 324. ハイマンも、「労資のあいだの利害の構造的な敵対性」とのべるときがある。Hyman, *The Political Economy of Industrial Relations*, p. 125.

(20) Keith Sisson, 'Facing Up to the Challenges of Success: Putting Governance at the Heart of HRM', in John Storey (ed.), *Human Resource Management: A Critical Text*, third edn, Thomson, p. 82.

(21) Edwards, *Conflict at Work*, p. 9.

(22) *Ibid.*, p. 17.

(23) Paul Edwards, 'Were the 40 Years of "Radical Pluralism" a Waste of Time?', *Warwick Paper in Industrial Relations*, June 2014, p.16.

(24) Paul Edwards (ed.), *Industrial Relations: Theory and Practice*, second edn, Blackwell, 2003. ただし、コレクションのスタイルの教科書のため、他の執筆者が活用したり、言及したりすることが少ない、と指摘されている。Roderick Martin, 'Book Review', *Labour History Review*, 69-2, August 2004.

(25) Ackers, 'Trade Unions as Professional Associations'.

(26) Edwards (ed.), *Industrial Relations*.

(27) W. H. Scott et al., *Coal and Conflict: A Study of Industrial Relations at Collieries*, Liverpool University Press, 1963, pp. 39-40, 43, 112, 186-188.

(28) Hyman, *Political Economy of Industrial Relations*, p. 140.

(29) Clark Kerr, *Labor and Management in Industrial Society*, Anchor Books, 1964, p. 171.

(30) *Ibid.*, p. 171.

（31） Edwards, *Conflict at Work*, pp.123-133, 248-262.

（32） Gregor Gall (ed.), *New Forms and Expressions of Conflict at Work*, Palgrave Macmillan, 2013は、この分野の久しぶりの研究成果ということになる。

（33） Peter Ackers, 'Neo-Pluralism as a Research Approach', in Keith Townsend et al., *Elgar Introduction to Theories of Human Resource Management and Employment Relations*, Elgar, 2019, p. 49.

（34） Peter Ackers, 'An Industrial Relations Perspective on Employee Participation', in Adrian Wilkinson et al., *The Oxford Handbook of Participation in Organizations*, Oxford University Press, 2010, P. 72. アッカーズはここでは、労働者参加論を念頭においている。

あとがき

この本を書く最初のきっかけは、勤務先の専修大学の研究員制度（いわゆるサバティカル）を利用して、二〇〇〇年九月から一年間、イギリスのストーク・オン・トレント市にあるキール大学（コラム⑬を参照）に客員研究員として滞在し、研究したときのことにある。

運輸・一般労働者組合（ＴＧＷＵ）の一九六〇年代後半から七〇年代初期にかけての組合改革を研究テーマにしたことと、『労使関係史研究』というジャーナルを発行していたのでキール大学を選んだのだが、大学院修士課程でデイブ・リドン（第4章を参照）らが三つの必修科目（core courses）の講義をおこなうというので興味を持ち、三か月ほど聴講させてもらうことにした。それまで、日本の労働組合運動の再編成の道程や戦後の建設産業の労使関係の研究をしながらではあったが、イギリスの労働組合・労使関係についても断続的に研究してきていたので、史実について初めて知ったということは少なかったけれども、労使関係論の学説の歴史や理論については大きな知的刺激を受けた。

帰国して三年後に「運輸・一般労組（ＴＧＷＵ）の組合改革・再論――その思想と組織論の含意」（『専修経済学論集』第三九巻第一号、二〇〇四年七月）を発表し、さらにその後に「イギリス労使関係論におけるプルーラリズムとマルクス主義――論争の系譜と現段階」（法政大学大原社会問題研究所・鈴木玲編『新自由主義と労働』御茶の水書房、二〇一〇年）を書いた。

イギリスの労使関係論については、その後も関心が継続し、学者の著書や論文を読み、また労使関係論に影響を与えている社会学の理論についても勉強してみた。その成果を大学の学部と大学院で講義としておこなってもきた。

そこで、一昨年、『労働法律旬報』に「戦後イギリスの労使関係論の諸潮流」と題して一〇回にわたり連載をさせていただいた。それをもとにしながらも、かなり修正・加筆し、さらに新稿を含めてまとめたのが本書である。連載のときのタイトルと掲載号は以下の通りである。

(1)「倫理的社会主義と労働規制論」(アラン・フラダース) 一九三三号
(2)「産業民主主義としての団体交渉」(ヒュー・クレッグ) 一九三五号
(3)「ラディカル・プルーラリズム」(アラン・フォックス) 一九三七号
(4)「ニューレフト・マルクス主義」(リチャード・ハイマン) 一九三九年
(5)「マルクス主義と『資源動員論』」(ジョン・ケリー) 一九四一号
(6)「労働規制論と労働史研究」(デイブ・リドン) 一九四三号
(7)「ネオ・プルーラリズム」(ピーター・アッカーズ) 一九四五号
(8)「マテリアリズム(唯物論)」(ポール・エドワズ) 一九四七号
(9)「総括と論点(上)」 一九四九号
(10)「総括と論点(下)」 一九五〇号

連載論文は、本書の第2章、第4章、第5章と終章のもとになる内容であった。言い換えれば、第

1章（起源）と第3章（法的規制論、人的資源管理論）は新稿である。また、その新稿の部分を含め、雑誌連載時とは内容がかなり異なるので、当然、終章も新しくした。

もとになった論文の連載とその書籍化にあたって、『労働法律旬報』の古賀一志編集長に大変お世話になった。実は、この連載の直前に、やはり勤務先の研究員制度を二〇一六年九月から半年間利用して、ロンドンにあるウェストミンスター大学の建築環境研究センターで勉強した成果をまとめた「イギリス建設産業における労使関係――歴史的な展開とその論点」を同誌に三回にわたって書いていた。二〇一九年は一年間で一三本の原稿を掲載させていただいたわけである。また、書籍化にあたって、私から申し出たところ快く相談にのっていただき、このようなかたちで出版できることになった。あらためて御礼を申し上げたい。

勤務先の大学の定年を二年後に控えていたのだが、一年前倒しして来年三月に退職することにした。「卒業論文」になる本書が少しでも多くの読者を得て、労使関係論をめぐる議論を活発にするうえで、わずかでも貢献できることを願っている。

二〇二一年四月

著者

［著者紹介］　**浅見和彦**（あさみ・かずひこ）
一九五二年、埼玉県秩父市生まれ。早稲田大学法学部卒業。全国自動車運輸労働組合、全日本運輸一般労働組合の専従書記を経て、法政大学大学院社会科学研究科社会学専攻博士後期課程単位取得退学、法政大学大原社会問題研究所兼任研究員。
現在、専修大学経済学部教授、特定非営利活動法人建設政策研究所理事長。
共著に、『社会運動研究入門』（文化書房博文社、二〇〇四年）、『労働組合の組織拡大戦略』（御茶の水書房、二〇〇六年）、『社会運動・組織・思想』（日本経済評論社、二〇一〇年）、『新自由主義と労働』（御茶の水書房、二〇一〇年）、『成長国家から成熟社会へ』（花伝社、二〇一四年）、『労働組合をどうする』（本の泉社、二〇二〇年）など。

労使関係論とはなにか
二〇二一年六月二一日　初版第一刷発行

著者……………浅見和彦
装丁……………佐藤篤司
発行者…………木内洋育
発行所…………株式会社　旬報社
〒一六二-〇〇四一　東京都新宿区早稲田鶴巻町五四四
TEL 03-5579-8973　FAX 03-5579-8975
ホームページ https://www.junposha.com/

印刷・製本……中央精版印刷　株式会社

　ISBN978-4-8451-1699-7